JN041182

# 建築構造の力学II

## ― 第2版 ―

| 不静定力学・振動応答解析編 |

寺本隆幸・長江拓也 [共著]

森北出版株式会社

●本書のサポート情報を当社Webサイトに掲載する場合があります．下記のURLにアクセスし，サポートの案内をご覧ください．

https://www.morikita.co.jp/support/

●本書の内容に関するご質問は，森北出版 出版部「(書名を明記)」係宛に書面にて，もしくは下記のe-mailアドレスまでお願いします．なお，電話でのご質問には応じかねますので，あらかじめご了承ください．

editor@morikita.co.jp

●本書により得られた情報の使用から生じるいかなる損害についても，当社および本書の著者は責任を負わないものとします．

■本書に記載している製品名，商標および登録商標は，各権利者に帰属します．

■本書を無断で複写複製（電子化を含む）することは，著作権法上での例外を除き，禁じられています．複写される場合は，そのつど事前に(一社)出版者著作権管理機構（電話03-5244-5088，FAX03-5244-5089，e-mail：info@jcopy.or.jp）の許諾を得てください．また本書を代行業者等の第三者に依頼してスキャンやデジタル化することは，たとえ個人や家庭内での利用であっても一切認められておりません．

# まえがき

　本書は，前著『建築構造の力学 I』に続いて，静定力学以外のやや広い範囲の内容を含めようとして企画した．その内容としてどこまでを含むべきかは，大いに悩むところである．

　一般的な建物の構造設計において，現状の構造解析がコンピュータにより行われ，実際に設計者が手計算を行う必要性が少ないことは事実であるが，それでも，不静定構造物の基礎的な知識は必要不可欠であろうと考えた．

　つぎに，大地震時の建物挙動を考える際に，弾性域を超えた範囲を対象とせざるを得ないので，構造物の弾塑性性状と保有水平耐力の理解も必要になる．さらに，地震時の動的な建物挙動を理解するためには，最低の振動現象の理解が必要である．

　これらを考え合わせて，従来の力学書に扱われている範囲を多少超えて，実務的な基礎知識として必要となると思われる内容を取り上げることとし，不静定構造物の解法（応力法，たわみ角法，固定法，マトリクス法），構造物の弾塑性性状と保有水平耐力，振動応答解析を対象とした．

　振動応答解析が，初歩的な力学書に載ることは少ないと思われるが，学生時代に動的な基礎知識を勉強しておくことは意義があると考えて内容に含めることとした．

　とくに力を入れたのは，マトリクス法である．実務的には多く使用されているにもかかわらず，その具体的な計算内容に触れている解説書は少なく，多くはコンピュータプログラム作成のための数学的な解説が行われている．本書では，「コンピュータが行っている計算内容を，使用者が理解するために解説する」という立場から記述を行った．多くの未知数を含む複雑な計算内容を，人が行うことは不可能である．しかし，コンピュータが行っている計算内容について，「何が行われているかを，十分に理解することが重要である」という立場からの説明を試みた．

　建築構造物の構造計算実務において，保有水平耐力の算定が行われている．詳細な計算法について触れることはできないが，基本的な考え方を理解できるように，構造物の弾塑性性状と保有水平耐力についても記述した．

　また，マトリクス法により得られた建物構造物の情報（せん断剛性や剛性マトリクス）が，振動応答解析用のデータとしてどのように利用されるかを示し，静的骨組み

解析結果と振動応答解析をつなげる試みも行ってみた．この点も，他書にはない独自の内容ではないかと考えている．

なお，計算例の作成と校正にあたっては，大宮幸助手と大学院生の諸氏にたいへんお世話になった．ここに記して感謝の意を表する次第である．

2007 年 2 月

筆　者

## 第 2 版改訂にあたって

初版を出版してから 14 年が過ぎた．この間に構造解析におけるコンピュータ利用は一段と進み，「構造解析や構造計算は，100% コンピュータを利用して行われている」と言って過言ではない状況になった．このため，基礎知識がなくともコンピュータに入力さえすれば構造解析が可能になっている．しかし，入力手段を知っているのみの技術者には，構造解析結果の是非を判断することはできない．このためには，本書で扱う基礎知識を十分身につけておくことが非常に大切である．

今回の改訂では，共著者として長江拓也氏の協力を得て，さらなる内容の充実に努めた．主な改訂内容はつぎのようなものである．

- 常用単位の cm を mm に変更した．構造設計実務において使用されてきた cm は使いやすい単位であるが，JIS や基準類では mm が使用されている．この状況に対応しての変更である．
- 初版の発行から 14 年が経過していることをふまえて，文章表現を現代風に改めた．
- 内容の理解度を深めるために 2 色刷りとして，強調したい点を明らかにした．

構造解析が建築構造物の安全性を確保するうえで非常に重要な要素であることは，変わりがない．本書が，建築を学ぶうえでの基礎的知識として役立つことを期待している．

2021 年 1 月

筆　者

# 目　　次

# 第 **1** 章 | 不静定構造物の解法

　建築構造物の大部分は，力の釣り合いだけでは解を求められない不静定構造物である．このため，建築構造物を理解するためには，静定構造物に加えて不静定構造物の性質を知っておく必要がある．また，地震時の建物挙動を考える際に，保有水平耐力の概念と振動応答性状の理解も必要である．

　本章では，対象としている不静定構造物の力学と保有水平耐力，さらに振動応答解析が，建築構造物の設計条件や静定構造物と関連付けて，どのように位置付けられるかを概説し，本書で学ぶ対象を明確にする．

　さらに，不静定構造物の一般的な解法を述べる．各解法の特徴を認識することにより，第 2〜5 章で述べる解法の相異や相互関係が理解しやすくなる．また，工学を学ぶものの常識として，使用単位や計算精度についても説明する．

東京・新宿〈新宿 NS ビル〉
30 階建て超高層ビルの巨大アトリウム（吹き抜け空間）

## 1.1　本書の対象範囲

　図 1.1 において，[　　　] 部は構造解析の前提条件となる建物条件であり，[　　　] 部は「建築構造の力学 I」で学んだ範囲である．本書「建築構造の力学 II」が対象とする部分は，[　　　] 部の不静定構造力学，保有水平耐力，振動応答解析である．

　建築構造物の常時性能や安全性を検討する際には，外部条件としての自然現象や構造物の種類（構造形式），さらに構造部材の断面や材料の種類などの建物条件を考慮して，力学的性能を評価する必要がある．

　「建築構造の力学 I」では，これらの建築条件を荷重，静定構造物，断面の係数，断面の応力度，許容応力度として整理して，弾性応力解析の結果を利用して許容応力度法により常時性能や安全性を検討することを学んだ．本書では，それらの内容をふまえて，図 1.1 に示す建築構造力学の全体系を理解し，応用できるようになることを目標とする．

　本書では，より一般的な構造物である不静定構造物についての静的および動的な弾性挙動を対象としている．まずは，不静定構造物の静的解析として古典的な応力法，たわみ角法，固定法を第 2～4 章において学ぶ．現在多くの実務において使用されているマトリクス変位法については，第 5 章において取り上げ，コンピュータで行われている計算内容を理解できるようにする．

　以上の解析は弾性解析であるが，大地震時には建物構造部が塑性化して弾塑性挙動をすることから，構造物の保有水平耐力を検討する必要がある．第 6 章では，このために必要な塑性解析の基礎知識と保有水平耐力の計算法の概要を説明する．

　振動現象は時間の関数である事象を理解することが大切であり，そのためには基本的な 1 質点系の性質を理解する必要がある．第 7 章では，それについて説明する．地震時の建物挙動を理解するために，比較的簡単な弾性振動を取り上げている．各時刻においてどのように構造物が動くかを，各時刻の変位，速度，加速度から求める必要があり，振動した結果として構造物には地震時応力が作用する．

　一般の 2 層以上の多層建物は多質点系となり，時間の要素に加えて建物自体の振動特性である振動モードが重要な要素となる．この多質点系の振動応答解析については，第 8 章で説明する．また，第 5 章の「5 層鉄筋コンクリート構造ラーメンの計算結果」を利用して，5 質点系の振動モデルを作成して振動応答解析を行うことにより，静的解析結果の動的解析への応用手法を例示する．

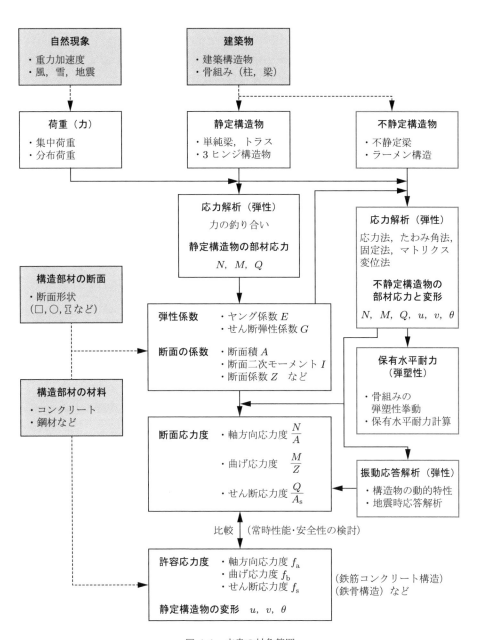

図 1.1 本書の対象範囲

## 1.2　不静定構造物の解法

　一般構造物を分類すると図 1.2 のようになる．一般的な建築構造物は，安定構造物（stable structure）と不安定構造物（unstable structure）に分けられ，さらに，安定構造物は静定構造物と不静定構造物に分けられる．

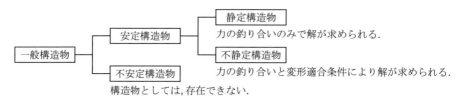

図 1.2

**(1) 静定構造物**

　安定構造物のうちで，任意の力に対して力の釣り合い条件のみ（$\sum F_X = 0$, $\sum F_Y = 0$, $\sum M = 0$ の 3 条件）で，すべての反力および部材応力が決定されるものを静定構造物（statically determinant structure）という．

　静定構造物は，作用外力による部材応力が，部材の結合状態や支点条件で決まり，部材の材料や断面の大小に関係ないのが特徴である．また，温度変化，地盤沈下，部材の収縮といった変形を伴う条件変化に対しても，部材応力が生じない．

**(2) 不静定構造物**

　静定でない一般的な構造物は，不静定構造物（statically indeterminant structure）とよばれる．構造物は各部の変形に応じて部材応力を生じているので，この関係を利用して外力が作用したときの部材応力を算定する．

　不静定構造物の応力解析は，力の釣り合い条件，変形適合条件（各節点における連続条件や各支点における拘束条件），弾性条件を満足するような解を求めることになる．具体的には，構造部材の形状や剛性を考慮して，変形や部材応力を未知数として連立方程式を解いて解を求める．また，不静定次数に対応する剰余力（または不静定力）とよばれる反力を解除することにより，静定構造物として解を求めることもできる．

**(3) 不静定構造物の解法**

　不静定構造物の問題を解くためには，何らかの形で連立方程式の未知数を求めることになる．

　この解法としては，連立方程式の未知量を部材応力とする「応力法」と，未知量を節点変位とする「変位法」に分けられ，2 次元の線材構造物に対して，図 1.3 に示す

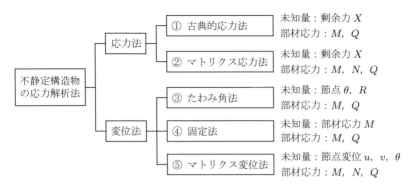

注）部材応力は計算結果より得られるものを示している.

図 1.3 不静定構造物の応力解析

ような解法がある. 以下に各解法の概要を説明する.

［応力法］

　現在では使用されることは少ないが, 反力や部材応力を未知量として解を求める.

① 古典的応力法　簡単な不静定構造物解析に用いられる応力法で, 不静定度が少ない構造物に適用される. 静定構造物となるように反力または部材応力を取り去って, これを未知量として, 静定構造物の力学のみを用いて部材応力を算定する.

② マトリクス応力法　一般的には, 多くの剰余力を未知量として連立方程式をたてるが, 未知数が多くなるとコンピュータを利用したマトリクス計算が必要となり, マトリクス法が用いられる.

［変位法］

　任意の一般的構造物に適用が容易にできるため, 変位法が広く使用されている. 変位法は, 最も一般的に使用されている解法であり, 曲げモーメント（部材応力）と回転角・部材角（変位）の関係は, たわみ角法の基本式として定式化されている.

③ たわみ角法　部材端部の曲げモーメントと回転角・部材角を関係付け, 力の釣り合い関係を利用して連立方程式をたてる. 未知量は, 回転角・部材角である.

④ 固定法　たわみ角法を漸近解法により解く手法で, ラーメン構造の鉛直荷重時の解法に多く用いられる. 実際の未知量は曲げモーメントという部材応力であるが, 考え方は変位法の方程式を漸近解法で解くものであるので, 変位法に分類される.

⑤　マトリクス変位法　　節点変位（水平変位 $u$，鉛直変位 $v$，回転角 $\theta$）を未知
量として，部材端応力（軸方向力 $N$，曲げモーメント $M$，せん断力 $Q$）と節
点変位を関係付け，力の釣り合い関係から連立方程式をたて，これをマトリク
ス法により計算する．

## 1.3　使用単位と計算精度

（1）使用単位

工学一般において当たり前のことではあるが，単位は非常に重要な意味をもってい
る．単位の理解なしで計算を行うことは，無意味であるといってもよい．式などにお
いても，単位を考えながら理解に努めることが必要である．

構造力学で用いられる単位の例を表 1.1 に示す．本書では数字が扱いやすいよう
に，適宜 m や mm，N や kN を選択しているが，主として，長さは m，断面積などの
断面性能は $\mathrm{mm^2}{\sim}\mathrm{mm^4}$，力は kN を使用することとし，モーメントの単位は kN·m
としている．

表 1.1　構造力学の使用単位

| 使用対象 | 通常使用される単位 | 本書で主として使用する単位 |
|---|---|---|
| 部材寸法（図示） | mm，cm，m | mm（建築図面で常用） |
| 部材寸法・距離 | mm，cm，m | mm，m |
| 断面積 | $\mathrm{mm^2}$，$\mathrm{cm^2}$，$\mathrm{m^2}$ | $\mathrm{mm^2}$，$\mathrm{m^2}$ |
| 力 | N，kN | kN |
| モーメント | kN·cm，kN·m | kN·m |
| 応力度 | $\mathrm{N/mm^2}$，$\mathrm{kN/cm^2}$ | $\mathrm{N/mm^2}$ |
| 仕事・エネルギー | kN·cm，kN·m | kN·m（N·mm） |

また，式の誘導や計算結果が正しいかどうかを調べるには，単位をチェックするこ
とが有効な手段である．たとえば，中央に集中荷重を受ける単純梁の変形

$$\delta = \frac{PL^3}{48EI}$$

の単位は，

$$\frac{\mathrm{kN} \cdot \mathrm{mm^3}}{\mathrm{kN/mm^2} \times \mathrm{mm^4}} = \mathrm{mm}$$

となり，$\delta$ は長さの単位 [mm] であることを確認できる．分子にある長さ $L$ のべき乗

は，集中荷重 $P$ の場合は $L^4$ でなく $L^3$ であることがわかる．逆に言えば，$L$ のべき乗と記憶しておいて，単位から 3 乗と決めることもできる．

また，例題などで図示した寸法は建築の慣例に従い mm とし，単位の記載は省略している．実際の数値計算では m を使用することもあるので注意する．

(2) 計算精度

建築の構造計算では，通常は，2 桁ないし 3 桁の有効精度があれば十分である．いたずらに桁数の多い数値を扱うことは，無意味であり計算間違いのもとである．当然，最後の桁の数値は四捨五入により定める．

本書では，積極的に計算精度を荒くして，2 桁程度の精度で計算例などを表示している．たとえば，$10/3.0 = 3.3$，$5.0/4.0 = 1.3$ 程度の計算精度でよい．もちろん，高精度が必要な場合には，多くの有効桁を使用するが，本書で扱っている計算では，2 桁程度で十分であり，数字を多く書き写すことによる間違いも防げる．大きな数値の場合には，$3.2 \times 10^4$ のように有効桁を保持して表現するとよい．

工学で対象とする数字には，必ず有効桁がある．工学においては，$4/3 = 1.3$ は正しい表現であると認識して，堂々と記述すべきであり，$4/3 = 1.3333$ などとだらしなく表記すべきではない．

(3) 数値と数量

本書で扱う工学的な数値は，それぞれが実際の工学的意味合いをもっている数量である．10 m スパンの梁が変形する場合の中央たわみ $\delta$ は，2 m も変形することは考えにくく，せいぜい 20 mm 程度であり，スパンの 500 分の 1 程度（20 mm/10000 mm = 1/500）以下の変形と考えられる（図 1.4）．このように，部材応力や変形量などを単なる数値としてではなく，大きさをもった自分が実感できる数量として認識してほしい．

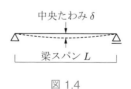

中央たわみ $\delta$

梁スパン $L$

図 1.4

スーパーで買い物をするとき，バナナの値段が 2000 円と表示されていたら，「おかしい」と感じるはずである．このバナナは 200 円程度のはずであるという数値に対する感覚的認識（手触り感覚）を，構造力学の計算結果に対してももちたいものである．

# 第2章 | 応力法

不静定構造物は，力の釣り合いのみでは解を得ることができず，連立方程式を解く必要がある．

応力法（古典的な応力法）は，不静定構造の特定の反力または部材応力を解放することにより，不静定構造物を静定化して，静定力学の知識のみにより応力値が得られるように工夫した解法である．いわば，連立方程式を解く際に，未知数 $X$ を使用しないで算術的に解を求めるのに似ている．この意味でも，算術の場合と同様に，応力法では適切な静定構造を選ぶように工夫することが大切である．静定化できるということから，不静定構造物の特徴を理解するとよい．

結果的には，連立方程式を算術的に解くことになるので，未知の反力や部材応力数が多い場合には解くことが困難であるが，基本的な考え方は応用の範囲が広いと思われる．

アメリカ・ロサンゼルス〈ガーデングローブ・コミュニティ・チャーチ〉
屋根・壁のすべてがガラス張りの教会（鉄骨造トラス構造）

## 2.1　応力法の基本的な考え方

$n$ 次の不静定構造物は，未知数を $n$ 個減らせば静定構造物となる．静定構造物であれば，従来より学んできた静定構造力学の知識により問題を解くことができる．このことを利用して，適当に支点反力を取り去って静定構造物とし，その取り去った支点反力を未知数（剰余力という）として，支点部では変形が 0 であるという条件（変形適合条件）を用いて，解を求めることができる．これが応力法の原理である．

同様の考え方として，部材応力を取り去って静定構造物とすることもできる．たとえば，部材の途中にピン節点を仮定して静定構造物とし，その部分の曲げモーメントを剰余力とするなどである．

### ▌2.1.1　応力法の計算手順

1 次不静定構造物の場合，応力法の計算手順は以下のようなものである．

①　必要な支点をはずして静定構造物とする．

　　どの支点をはずしても同じ結果が得られるが，変形量の計算が容易な支点位置と反力種類を選ぶと，全体の計算が容易になる．

②　静定構造物の変形（はずした支点部の $\delta_0$）と部材応力 $M_0$，$Q_0$，$N_0$ の計算を行う．

　　$\delta_0$ の変形計算は，「静定構造物の変形公式」を用いるか，モールの定理により直接変形量を求める．静定構造物の部材応力 $M_0$，$Q_0$，$N_0$ は，容易に計算できる．応力と変形計算式は付録 1，2 に示す．

③　支点反力を仮定し，反力を $X$ とする（$X$ を剰余力という）．

　　$X$ の方向は任意に設定できるが，以下の計算において設定した方向を変えないように留意する．

④　単位反力（$X = 1.0$）時の変形 $\delta_1$ と応力 $M_1$，$Q_1$，$N_1$ の計算を行う．

　　変形・部材応力の計算方法は，②と同じである．

⑤　支点での変形状態を考える．

　　変形の適合条件 $\delta_0 + X\delta_1 = 0$ より，$X$ を算定する．

⑥　静定構造物②の応力と反力 $X$ による④の応力を足し合わせる．

　　各点の応力は，以下により求められる．

$$M = M_0 + X \cdot M_1$$

$$Q = Q_0 + X \cdot Q_1$$

$$N = N_0 + X \cdot N_1$$

以上が，1 次不静定構造物の場合であるが，$n$ 次となると剰余力が $n$ 個となり，$n$ 元の連立方程式を解く必要が生じる．このため，2 次の不静定構造物程度までが，応力法を簡便に適用する限界であろう．

## 2.2 不静定梁

簡単な不静定梁を応力法で解いてみる．

**例題 2.1** 一端固定他端支持梁

図(a)の等分布荷重を受ける不静定梁の $M$ 図と $Q$ 図を，応力法を用いて求めよ．ただし，梁部材の曲げ剛性 $EI$ は一定値とする．

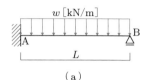

(a)

**解答**

① B 点の支点をはずして静定構造物とする（図(b)）．

② 静定構造物の変形（支点部 B 点の $\delta_0$）と応力 $M_0$，$Q_0$ の計算を行う（図(c)）．

$$\delta_0 = \frac{wL^4}{8EI} \quad （付録 2a の③参照）$$

部材応力は固定点 A 点で次式となる．

$$M_0 = -\frac{wL^2}{2}, \qquad Q_0 = wL$$

③ 支点反力 $X$ を仮定する（図(d)）．

④ 単位反力（$X = 1.0$）時の変形 $\delta_1$ と応力 $M_1$，$Q_1$ の計算を行う（図(e)）．

$$\delta_1 = -\frac{L^3}{3EI} \quad （付録 2a の①参照）$$

部材応力は固定点 A 点で次式となる．

$$M_1 = L, \qquad Q_1 = -1.0$$

⑤ 変形の適合条件から，$\delta_0 + X\delta_1 = 0$ より $X$ を算定する．

$$\frac{wL^4}{8EI} - X\frac{L^3}{3EI} = 0 \ \rightarrow \ X = \frac{3wL}{8}$$

⑥ 静定構造物②の部材応力と④の部材応力の $X$ 倍を足し合わせる．固定点 A 点の応力は，

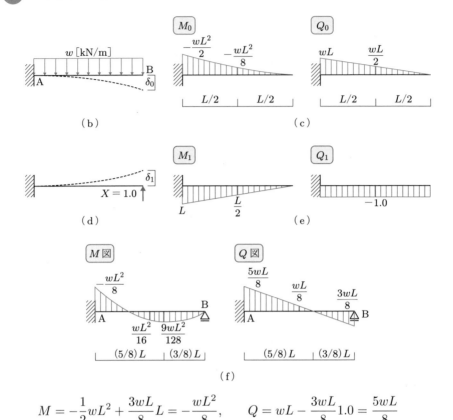

（f）

$$M = -\frac{1}{2}wL^2 + \frac{3wL}{8}L = -\frac{wL^2}{8}, \qquad Q = wL - \frac{3wL}{8}1.0 = \frac{5wL}{8}$$

となり，ほかの位置でも同様の計算を行うと，図（f）の $M$ 図と $Q$ 図が得られる．なお，最大曲げモーメントは $Q = 0$ の点で生じるので，A 点より $(5/8)L$ の位置で $M_{\max} = 9wL^2/128$ となる．

## 【別解法】

① A 点の曲げ固定をはずして静定構造物とする（図（g））．

② 静定構造物の変形（支点部 A 点の $\theta_0$）と応力 $M_0$，$Q_0$ の計算を行う（図（h））．

$$\theta_0 = \frac{wL^2}{24EI} \quad （付録 2b の③参照）$$

部材応力は A 点で次式となる．

$$M_0 = 0, \qquad Q_0 = \frac{wL}{2}$$

③ 支点反力モーメント $X_{\mathrm{M}}$ を仮定する．

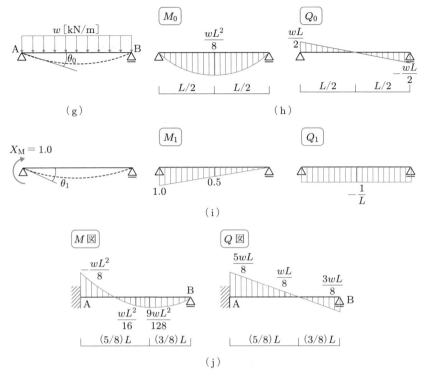

④ 単位反力（$X_\mathrm{M} = 1.0$）時の変形 $\theta_1$ と応力 $M_1$, $Q_1$ の計算を行う（図(i)）.

$$\theta_1 = \frac{L}{3EI} \quad （付録 2 参照）$$

部材応力は A 点で次式となる.

$$M_1 = 1.0, \qquad Q_1 = -\frac{1}{L}$$

⑤ 変形の適合条件から，$\theta_0 + X_\mathrm{M}\theta_1 = 0$ より $X_\mathrm{M}$ を算定する.

$$\frac{wL^3}{24EI} + X_\mathrm{M}\frac{L}{3EI} = 0 \ \rightarrow \ X_\mathrm{M} = -\frac{wL^2}{8}$$

⑥ 静定構造物②の部材応力と④の部材応力の $X_\mathrm{M}$ 倍を足し合わせる．固定点 A 点の応力は，

$$M = 0 + \left(-\frac{wL^2}{8}\right) \times (1.0) = -\frac{wL^2}{8}$$
$$Q = \frac{wL}{2} + \left(-\frac{wL^2}{8}\right) \times \left(-\frac{1}{L}\right) = \frac{5wL}{8}$$

となり，ほかの位置でも同様の計算を行うと，図(j)の $M$ 図と $Q$ 図が得られる．当然であるが，このように異なる静定系を選んでも，得られる部材応力は同じとなる．

・・・・・・・・・・・・・・・・・・・・・・・・・・・・・・・・・・・・・・・・・・・・・・・・・・・・・・・・・・・・・・・・・・・・・・

**例題 2.2**　連続梁 1

　図(a)の等分布荷重を受ける連続梁の $M$ 図と $Q$ 図を，応力法を用いて求めよ．ただし，梁部材の曲げ剛性 $EI$ は一定値とする．

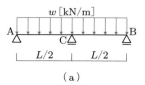
(a)

**解答** ・・・・・・・・・・・・・・・・・・・・・・・・・・・・・・・・・・・・・・・・・・・・・・・・・・・・・・・・・・・・・・・

① C 点の鉛直方向固定をはずして静定構造物とする（図(b)）．

② 静定構造物の変形（支点部 C 点の $\delta_0$）と応力 $M_0$，$Q_0$ の計算を行う（図(c)）．

$$\delta_0 = \frac{5wL^2}{384EI} \quad \text{（付録 2b の③参照）}$$

部材応力は C 点で次式となる．

$$M_0 = \frac{wL^2}{8} \quad \text{（付録 1b の③参照）}, \qquad Q_0 = 0$$

③ 支点反力 $X$ を仮定する（図(d)）．

④ 単位反力（$X = 1.0$）時の変形 $\delta_1$ と応力 $M_1$，$Q_1$ の計算を行う（図(e)）．

$$\delta_1 = -\frac{L^3}{48EI} \quad \text{（付録 2b の①参照）}$$

部材応力は C 点で次式となる．

$$M_1 = -\frac{L}{4} \quad \text{（付録 1b の①参照）}, \qquad Q_1 = \pm 0.5$$

⑤ 変形の適合条件から $\delta_0 + X\delta_1 = 0$ より $X$ を算定する．

$$\frac{5wL^4}{384EI} - X\frac{L^3}{48EI} = 0 \ \to \ X = \frac{5wL}{8}$$

⑥ 静定構造物②の部材応力と④の部材応力の $X$ 倍を足し合わせる．中間支点 C 点の応力は，

$$M = \frac{1}{8}wL^2 - \frac{5wL}{8} \times \frac{L}{4} = -\frac{wL^2}{32}$$
$$Q = 0 \pm \frac{5wL}{8} \times 0.5 = \pm\frac{5wL}{16}$$

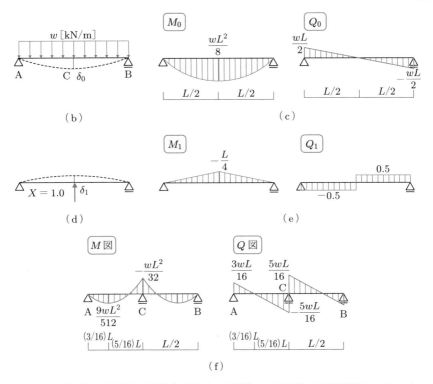

（f）

となり，ほかの位置でも同様の計算を行うと，図（f）の $M$ 図と $Q$ 図が得られる．なお，最大曲げモーメントは，せん断力が 0 となる A 点から $(3/16)L$ の位置で $9wL^2/512$ となる．

- - - - - - - - - - - - - - - - - - - - - - - - - - - - - - - - - - - - - - - - - - - -

**例題 2.3** 連続梁 2

　図（a）の集中荷重を受ける連続梁の $M$ 図と $Q$ 図を，応力法を用いて求めよ．ただし，梁部材の曲げ剛性 $EI$ は一定値とする．

**解答** - - - - - - - - - - - - - - - - - - - - - - - - - - - - - - - - - - -

① C 点の鉛直方向固定をはずして静定構造物とする（図（b））．

② 静定構造物の変形（支点部 C 点の $\delta_0$）と応力 $M_0$，$Q_0$ の計算を行う（図（c））．

$$\delta_0 = \frac{23PL^3}{648EI} \quad \text{（付録 2b の②の中央部変形値を 2 倍する）}$$

部材応力は C 点で次式となる．

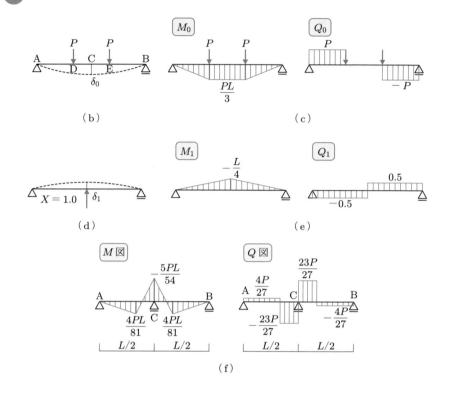

$$M_0 = \frac{PL}{3} \quad （付録 1b の②の中央モーメント値を 2 倍する）$$

$$Q_0 = 0$$

③ 支点反力 $X$ を仮定する（図(d)）.

④ 単位反力（$X = 1.0$）時の変形 $\delta_1$ と応力 $M_1$, $Q_1$ の計算を行う（図(e)）.

$$\delta_1 = -\frac{L^3}{48EI} \quad （付録 2b の①参照）$$

部材応力は C 点で次式となる.

$$M_1 = -\frac{L}{4} \quad （付録 1b の①参照）, \qquad Q_1 = \pm 0.5$$

⑤ 変形の適合条件から，$\delta_0 + X\delta_1 = 0$ より $X$ を算定する.

$$\frac{23PL^3}{648EI} - X\frac{L^3}{48EI} = 0 \rightarrow X = \frac{46P}{27}$$

⑥ 静定構造物②の部材応力と④の部材応力の $X$ 倍を足し合わせる．中間支点 C 点

の応力は,

$$M = \frac{1}{3}PL - \frac{46}{27}P \times \frac{L}{4} = -\frac{5PL}{54}$$

$$Q = 0 \pm \frac{46}{27}P \times 0.5 = \pm\frac{23P}{27}$$

となり，ほかの位置でも同様の計算を行うと，図(f)の $M$ 図と $Q$ 図が得られる．集中荷重 $P$ の作用位置で，曲げモーメントとせん断力値が変化することに注意する．

## 2.3　特殊な不静定梁

特殊な条件の不静定梁の解法を示す．一見複雑そうであるが，変形を手がかりとして，二つの部材間での力のやり取りを定量化して問題を解くことができる．

**例題 2.4**　ヒンジ付き梁

図(a)の不静定梁の AC 材と BC 材が負担する力を，応力法を用いて求めよ．ただし，梁部材の曲げ剛性は図(a)の値とする．

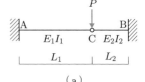

(a)

**解答**

① 静定基本形の設定：C 点で梁を切り離し，AC 部材と BC 部材の二つの静定構造物（片持ち梁）とし，力 $P_1$ と $P_2$ を作用させる（図(b)）.

（$P_1$ による AC 部材の変形）　$\delta_1 = \dfrac{P_1 L_1{}^3}{3E_1 I_1}$　（付録 2a の①参照）

（$P_2$ による BC 部材の変形）　$\delta_2 = \dfrac{P_2 L_2{}^3}{3E_2 I_2}$

② C 点での力の釣り合い：力 $P$ が AC 部材に作用する $P_1$ と BC 部材に作用する $P_2$ に分かれているので，両者の和は $P$ である．

$$P_1 + P_2 = P$$

③ 変形適合：C 点での両梁の変形量は同じである．

$$\delta_1 = \delta_2, \qquad \frac{P_1 L_1{}^3}{3E_1 I_1} = \frac{P_2 L_2{}^3}{3E_2 I_2} \;\rightarrow\; P_1 = \left(\frac{L_2}{L_1}\right)^3 \frac{E_1 I_1}{E_2 I_2} P_2$$

④ 応力図：$P = 20\,\text{kN}$, $L_1 = 4.0\,\text{m}$, $L_2 = 2.0\,\text{m}$, $E_1 I_1 = E_2 I_2$ の場合の応力は

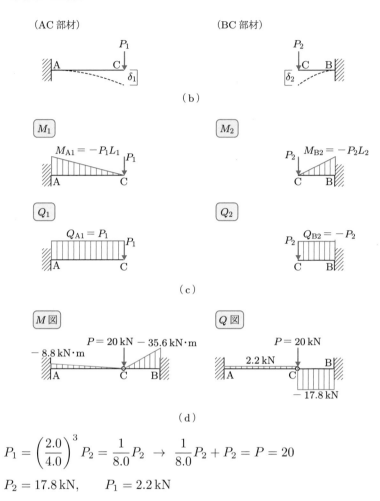

（AC 部材）　　　　　　　　　　　　（BC 部材）

（b）

（c）

（d）

$$P_1 = \left(\frac{2.0}{4.0}\right)^3 P_2 = \frac{1}{8.0}P_2 \;\rightarrow\; \frac{1}{8.0}P_2 + P_2 = P = 20$$

$$P_2 = 17.8\,\text{kN}, \qquad P_1 = 2.2\,\text{kN}$$

となる．作用外力 $P$ はスパンの 3 乗に逆比例して配分され，スパンの短い梁が多く力を負担する．図(c)に $P_1$ と $P_2$ の値を代入して，図(d)の $M$ 図と $Q$ 図が得られる.

・・・・・・・・・・・・・・・・・・・・・・・・・・・・・・・・・・・・・・・・・・・・・・・・・・・・・・・・・・

例題 2.5　交差梁

　図(a)の E 点で交差する単純梁（AB と CD）の $M$ 図と $Q$ 図を，応力法を用いて作成せよ．ただし，梁部材の曲げ剛性は図(a)の値とする.

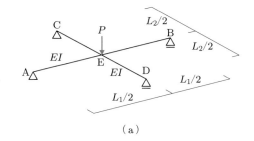

（a）

解答 • • • • • • • • • • • • • • • • • • • • • • • • • • • • • • • • • • • • • • • • • •

　E 点で交差している梁を，AB 梁と CD 梁に切り離して 2 本の単純梁とする．それ
ぞれの梁には荷重 $P_1$ と $P_2$ が作用しているとする．

① 　中央 E 点の変形は次式となる（図(b)）．

$$\delta_1 = \frac{P_1 L_1{}^3}{48EI}, \qquad \delta_2 = \frac{P_2 L_2{}^3}{48EI} \quad （付録 2b の①参照）$$

② 　それぞれの梁の部材応力は，単純梁として求められる．E 点では次式となる（図
(c)）．

$$M_{0\text{AB}} = \frac{P_1 L_1}{4}, \qquad Q_{0\text{AB}} = \pm\frac{P_1}{2}$$

$$M_{0\text{CD}} = \frac{P_2 L_2}{4}, \qquad Q_{0\text{CD}} = \pm\frac{P_2}{2}$$

③ 　力の釣り合い条件：作用荷重 $P$ は $P_1$ と $P_2$ に分かれるから，$P = P_1 + P_2$ と
なる．

④ 　変形の適合条件：E 点で二つの梁は交差しているから，E 点での変形量は同じで
あり，$\delta_1 = \delta_2$ である．

⑤ 　上記より，

$$\frac{P_1 L_1{}^3}{48EI} = \frac{P_2 L_2{}^3}{48EI} \;\rightarrow\; P_2 = \left(\frac{L_1}{L_2}\right)^3 P_1$$

となる．これを力の釣り合い条件式に代入すると，

$$P = \left\{1 + \left(\frac{L_1}{L_2}\right)^3\right\} P_1, \qquad P_1 = \frac{P L_2{}^3}{(L_1{}^3 + L_2{}^3)}, \qquad P_2 = \frac{P L_1{}^3}{(L_1{}^3 + L_2{}^3)}$$

となり，力が梁スパンの 3 乗に比例して分配される．この $P_1$ と $P_2$ の値を用いて $M$
図と $Q$ 図を作成できる．

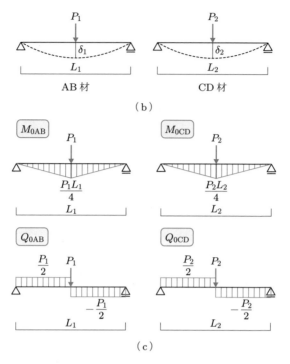

（b）

$M_{0AB}$　$P_1$

$\dfrac{P_1 L_1}{4}$

$L_1$

$M_{0CD}$　$P_2$

$\dfrac{P_2 L_2}{4}$

$L_2$

$Q_{0AB}$

$\dfrac{P_1}{2}$　$P_1$

$-\dfrac{P_1}{2}$

$L_1$

$Q_{0CD}$

$\dfrac{P_2}{2}$　$P_2$

$-\dfrac{P_2}{2}$

$L_2$

（c）

**[参考]** $L_1 = 2L_2$ の場合：$P_1 = P/9$, $P_2 = 8P/9$ となり，ほとんどの力が短いスパンである CD 梁（スパン $L_2$）に負担されることがわかる（図(c)）.

・・・・・・・・・・・・・・・・・・・・・・・・・・・・・・・・・・・・・・・・・・・・・・・・・・・・・・・・

**例題 2.6**　先端を吊下げ支持した片持ち梁

　図(a)の片持ち梁の $M$ 図と $Q$ 図，吊材の $N$ 図を，応力法を用いて作成せよ. ただし，梁部材の曲げ剛性 $EI$ および吊材の軸方向剛性 $EA$ は一定値とする.

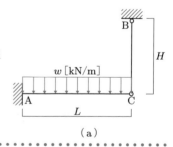

（a）

**解答**　・・・・・・・・・・・・・・・・・・・・・・・・・・・・・・・・・・・・・・・・・・・・・・・・・・・・・・・・

①　材（BC）の吊点の B 点で切り離して静定化する.

②　静定構造物の変形（C 点の $\delta_0$）と応力 $M_0$, $Q_0$ の計算を行う. BC 材は無応力材であり，B 点の変形は $\delta_0$ と同じである（図(b)）.

$$\delta_0 = \frac{wL^4}{8EI}$$　（付録 2a の③参照）

AC 材の部材応力は固定点 A 点で，次式となる.

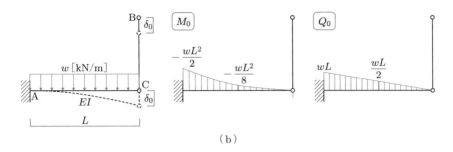

（b）

$$M_0 = -\frac{wL^2}{2} \quad （付録 1a の③参照）, \qquad Q_0 = wL$$

③ B 点に支点反力を仮定する．支点反力 $X$ は AC 材の C 点に作用し変形を与えることに注意する．

④ 下向きの単位反力（$X = 1.0$）時の変形 $\delta_1$ と応力 $M_1$，$Q_1$ の計算を行う（図(c)）．変形は梁部材の曲げ変形 $\delta_{11}$ と吊材の軸方向変形 $\delta_{12}$ の和となり，$\delta_1 = \delta_{11} + \delta_{12}$ である．

$$\delta_{11} = \frac{L^3}{3EI}, \qquad \delta_{12} = \frac{H}{EA}$$

梁部材応力は固定点 A 点で，$M_1 = -L$，$Q_1 = 1.0$ であり，吊材の軸方向力 $N_1 = -1.0$ である．

⑤ 変形の適合：B 点は固定点であり，変形量は 0 であるので，$\delta_0 + X\delta_1 = 0$ より，乗余力 $X$ を算定する．

$$\frac{wL^4}{8EI} + X\left(\frac{L^3}{3EI} + \frac{H}{EA}\right) = 0 \ \rightarrow \ X = -\frac{\dfrac{wL^4}{8EI}}{\dfrac{H}{EA} + \dfrac{L^3}{3EI}} = -\frac{\dfrac{wL^4}{8}}{\dfrac{I}{A}H + \dfrac{L^3}{3}}$$

⑥ 静定構造物②の部材応力と④の部材応力を $X$ 倍して足し合わせる．応力計算は簡単ではないので，特殊な場合を考える．

（$EA = 0$）の場合：片持ち梁となり，$X = 0$ となる．

（$EA = \infty$）の場合：一端固定他端支持梁となり，すでに求めたように $X = 3wL/8$ となる．

（$EA = EI/100$，$H = 3.0\,\mathrm{m}$，$L = 9.0\,\mathrm{m}$，$w = 10\,\mathrm{kN/m}$）の場合：$X = -15\,\mathrm{kN}$ となり，各部の部材応力は図(d)のようになる．

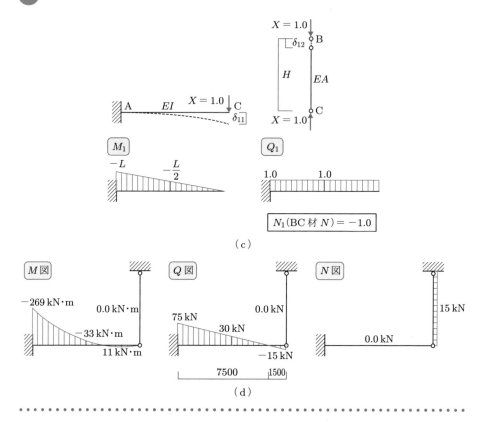

（c）

（d）

**演習問題**

2.1　［跳ね出し梁］問図 2.1 の不静定梁の $M$ 図と $Q$ 図を，応力法を用いて求めよ．ただし，梁部材の曲げ剛性 $EI$ は一定値とする．

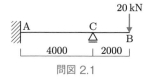

問図 2.1

2.2　［連続梁］問図 2.2 の不静定梁の $M$ 図と $Q$ 図を，応力法を用いて求めよ．ただし，梁部材の曲げ剛性 $EI$ は一定値とする．

$P = 35\,\mathrm{kN}$　　$P = 35\,\mathrm{kN}$

問図 2.2

2.3　［一端固定他端支持梁］問図 2.3 の不静定梁の $M$ 図と $Q$
　　図を，応力法を用いて求めよ．ただし，梁部材の曲げ剛
　　性 $EI$ は一定値とする．

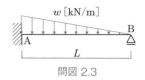

問図 2.3

2.4　［交差梁］問図 2.4 の E 点で交差する単
　　純梁（AB と CD）の $M$ 図と $Q$ 図を，
　　応力法を用いて求めよ．ただし，梁部材
　　の $EI = 2.1 \times 10^{10}\,\mathrm{kN \cdot mm^2}$ とする．

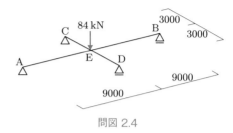

問図 2.4

# 第3章 | たわみ角法

　不静定構造物の部材応力を算定する方法としては，変形を未知量として連立方程式を解いて解を求める変位法を用いることが一般的である．たわみ角法は，不静定構造物の最も基本的な解法であり，すべての変位法の基礎となる重要な解法である．

　たわみ角法では，構造物を線材から構成される骨組みにモデル化し，部材両端の回転角と部材自体の傾きである部材角の2種類の変形量を未知量として，部材端部のモーメントを定式化する．そして，節点における力（モーメント）の釣り合い方程式を解くことにより，部材応力である曲げモーメントを求める．その際に，部材中間の荷重の影響は固定端モーメントとして評価され，部材のせん断力は，部材両端の曲げモーメントと中間荷重から算定する．

　たわみ角法では，多元の連立方程式を解いて未知量である回転角・部材角を求める必要がある．連立方程式の解法はやや面倒ではあるが，第4章以降で説明する固定法やマトリクス変位法の基礎となる解析手法であるので，基本を理解することは重要である．

福島・いわき〈ウッドピアいわき〉博物館/美術館
木造梁とワイヤーの張弦梁構造

## 3.1　たわみ角法の基本的な考え方

たわみ角法（撓角法：slope deflection method）では，直線形状の等質等断面（同一材料を用いた同一断面）の線材を対象として，以下のような基本仮定に基づき，部材端部の回転角と部材角により部材両端の曲げモーメントを定式化し，解を得る．

### ▍3.1.1　基本仮定

解析対象構造物をモデル化するために，つぎの4点を基本仮定として用いる．

(1) 線材仮定

対象とする構造物は，線材から構成される骨組みと見なせるものとする．線材とは，文字どおり直線，曲線と見なせる部材のことであり，部材両端の状態のみで中間の応力状態を表せる部材である．本書では，直線部材のみを対象とする．曲線は，多数の折れ線として近似的に扱うことが可能である．

(2) 剛接仮定

部材は相互に剛に接合されていると仮定する．剛に接合とは，変形後も部材相互の角度に変化がないものである．この仮定により，各節点の節点変位と節点回転角は取り付く各部材に対して同じ値となり，節点に一つの回転角を考慮すればよいことになる．

(3) 曲げ変形のみを考慮

実際の部材には，曲げモーメント，軸方向力，せん断力が作用しているので，これに対応して曲げ変形，軸方向変形，せん断変形が生じている．通常の構造物では曲げ変形がほかに比較して大きいため，曲げ変形のみを考慮してほかの変形を無視する．なお，トラス構造では軸方向力しか存在しないので，たわみ角法の適用外となる．

(4) 一様断面部材

部材断面は一様で，部材の途中で変化しないものとする．すなわち，ヤング係数 $E$ と断面二次モーメント $I$ は，一つの部材について1種類とする．部材断面が変化する場合には，部材断面が変化する位置に節点を設けて別部材とする．

### ▍3.1.2　たわみ角法の計算手順

たわみ角法の計算手順は，つぎのとおりである．

① 部材の材端曲げモーメントを，材の途中に加わる荷重を考慮して，端部回転角（節点回転角）と部材角の関数として表す（たわみ角法の基本公式）．

② 節点や層のモーメントの釣り合いより連立方程式を作成し，節点方程式や層方程式とする．これを解いて，節点や部材の変位である節点回転角や部材角を

求める.

③ 求めた節点回転角や部材角を基本公式に代入にして，部材端部の曲げモーメントを計算し，せん断力や中間応力を算定する．軸方向力の数値は計算結果からは直接求められないが，通常は，梁の軸方向力は計算を省略し，柱の軸方向力は梁のせん断力から計算する．

④ 以上により得られた部材応力を，$M$ 図と $Q$ 図（場合により，$N$ 図）として図示する．

## 3.2 たわみ角法の基本公式

部材の端部に作用するモーメントと部材両端の回転角の関係を求める．以下の式において，部材の曲げ剛性を $EI$ とし，部材端モーメント $M$，回転角 $\theta$，部材角 $R$ ともに時計まわりの方向を正として表示する．

(1) 単純梁に作用するモーメント外力

単純梁の左端にモーメント外力が作用すると，図 3.1 のような状態となり，端部回転角は「付録2」による公式や「モールの定理」により算定できる．この関係を，両側に $M_{AB}$ と $M_{BA}$ が作用する場合に拡張すると，次式が得られる．

$$\left.\begin{array}{l} \theta_A = \dfrac{L}{6EI}(2M_{AB} - M_{BA}) \\[2mm] \theta_B = \dfrac{L}{6EI}(2M_{BA} - M_{AB}) \end{array}\right\} \tag{3.1}$$

モーメントの式に整理すると，次式となる（図 3.2）．

$$\left.\begin{array}{l} M_{AB} = \dfrac{2EI}{L}(2\theta_A + \theta_B) \\[2mm] M_{BA} = \dfrac{2EI}{L}(\theta_A + 2\theta_B) \end{array}\right\} \tag{3.2}$$

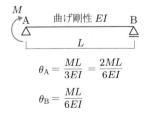

$$\theta_A = \frac{ML}{3EI} = \frac{2ML}{6EI}$$

$$\theta_B = \frac{ML}{6EI}$$

図 3.1 材端モーメント $M$ と回転角

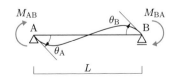

図 3.2 $M_{AB}$，$M_{BA}$ と回転角

(2) 一般梁に作用するモーメント外力

　両端部の回転角に加えて，部材全体が部材角 $R$ だけ回転すると，見かけ上 $R$ だけ余分に変形したように見える（図 3.3）.

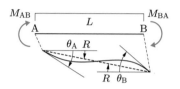

図 3.3　$M_{\mathrm{AB}}$，$M_{\mathrm{BA}}$ と回転角，部材角

　この場合には，$(\theta_{\mathrm{A}} - R)$ と $(\theta_{\mathrm{B}} - R)$ が実際の回転角となるため，式 (3.2) を部材角 $R$ の分だけ補正すると次式となる.

$$\left.\begin{aligned}
M_{\mathrm{AB}} &= \frac{2EI}{L}(2\theta_{\mathrm{A}} + \theta_{\mathrm{B}} - 3R) \\
M_{\mathrm{BA}} &= \frac{2EI}{L}(\theta_{\mathrm{A}} + 2\theta_{\mathrm{B}} - 3R)
\end{aligned}\right\} \tag{3.3}$$

　ここに，AB 部材において

　　　$M_{\mathrm{AB}}$：A 端に作用しているモーメント

　　　$M_{\mathrm{BA}}$：B 端に作用しているモーメント

　　　$\theta_{\mathrm{A}}$：A 端回転角

　　　$\theta_{\mathrm{B}}$：B 端回転角

　　　$R$：部材の部材角

　　　$E$：部材のヤング係数

　　　$I$：部材の断面二次モーメント

　　　$L$：部材の長さ

　　　　　（モーメント，回転角，部材角は，時計まわりを正）

(3) 中間荷重の影響

　中間荷重がある場合は，その影響を考慮する必要がある．図 3.4 の単純梁（曲げ剛性 $EI$ の AB 部材）に，中間荷重が作用している場合には，材端回転角はモールの定理を用いて以下のように算定される.

　図 3.4 のように，等価荷重 $M/EI$ の合力 $P_0'$ による反力 $R_{\mathrm{A}}$ と $R_{\mathrm{B}}$ を求め，回転角を計算する.

$$R_{\mathrm{A}} = \frac{S(L - x_0)}{EIL}, \qquad R_{\mathrm{B}} = \frac{Sx_0}{EIL} \tag{3.4}$$

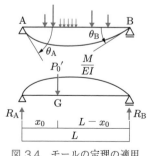

図 3.4　モールの定理の適用

$$\left.\begin{array}{l} \theta_A = Q_A = R_A = \dfrac{S(L - x_0)}{EIL} \\[3mm] \theta_B = Q_B = -R_B = -\dfrac{Sx_0}{EIL} \end{array}\right\} \tag{3.5}$$

ここに，$S$：曲げモーメント $M$ の面積

$EI$：部材の曲げ剛性（ヤング係数と断面二次モーメントの積）

$L$：部材長さ

$x_0$：$S$ の重心（G）までの距離

両端固定梁の場合には，この回転角は生じないので，回転角を 0 にするようなモーメントを両側に作用させる必要があり，これを固定端モーメント（$C_{AB}$ および $C_{BA}$）という．

部材端部に $M_1$ と $M_2$ を作用させたとき，両端部に生じる回転角が $-\theta_A$ と $-\theta_B$ となるモーメントを求めると，

$$\theta_1 = \frac{M_1 L}{3EI} - \frac{M_2 L}{6EI} = -\theta_A = -\frac{S(L - x_0)}{EIL}$$

$$\theta_2 = -\frac{M_1 L}{6EI} + \frac{M_2 L}{3EI} = -\theta_B = \frac{Sx_0}{EIL}$$

それが固定端モーメント $C_{AB}$ と $C_{BA}$ になる（図 3.5, 3.6 参照）．この式を $M_1$ と $M_2$ について解くと，

$$M_1 = -\frac{2S(2L - 3x_0)}{L^2} = C_{AB}, \qquad M_2 = \frac{2S(3x_0 - L)}{L^2} = C_{BA}$$

となり，固定端モーメントは次式となる．

$$C_{AB} = -\frac{2S(2L - 3x_0)}{L^2}, \qquad C_{BA} = \frac{2S(3x_0 - L)}{L^2} \tag{3.6}$$

 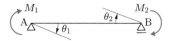

図 3.5　固定端モーメント　　　図 3.6　両端モーメントと回転角

また，単純梁の最大曲げモーメント $M_0$ は，部材の中間モーメントの値を算定する際に必要となる．部材端部のせん断力を算定するためには，単純梁の端部反力値が必要であり，その値は次式により与えられる．

$$_cQ_{AB} = R_A, \qquad _cQ_{BA} = R_B \tag{3.7}$$

　代表的な荷重に対して，これらの固定端モーメント（$C_{AB}$ および $C_{BA}$），単純梁最大モーメント（$M_0$），単純梁反力値（$_cQ_{AB}$ および $_cQ_{BA}$）の計算した結果を付録3に示す．

（4）たわみ角法の基本公式

　中間荷重を考慮した一般的な基本公式は，次式になる．

$$\left.\begin{array}{l} M_{AB} = \dfrac{2EI}{L}(2\theta_A + \theta_B - 3R) + C_{AB} \\[3mm] M_{BA} = \dfrac{2EI}{L}(\theta_A + 2\theta_B - 3R) + C_{BA} \end{array}\right\} \tag{3.8}$$

　表現を簡潔にするために，つぎのように係数を書き換えることが行われる．

$$\left.\begin{array}{l} \dfrac{I}{L} = K_0 \cdot k \\[2mm] \varphi = 2EK_0\theta \\[2mm] \psi = -6EK_0R \end{array}\right\} \tag{3.9}$$

　　ここに，$I$：部材の断面二次モーメント [mm$^4$]

　　　　　　$L$：部材の長さ [mm]

　　　　　　$K_0$：標準剛度 [mm$^3$]（任意の一定値）

　　　　　　$k$：剛比 $\left(= \dfrac{I}{LK_0}：無次元\right)$

$\varphi$ と $\psi$ は回転角と部材角に対応したモーメントの単位をもつ量となる．結果として，

$$\left.\begin{array}{l} M_{AB} = k(2\varphi_A + \varphi_B + \psi) + C_{AB} \\[2mm] M_{BA} = k(\varphi_A + 2\varphi_B + \psi) + C_{BA} \end{array}\right\} \tag{3.10}$$

となり，これが剛比 $k$ を用いた簡潔な基本公式となる．

（5）各部材の曲げモーメントとせん断力の算定

　各部材の両端のモーメント $M_{AB}$ と $M_{BA}$ が求められれば，$M_{AB}$ と $M_{BA}$ を結ぶ直線をもとにして，中間荷重による最大モーメント $M_0$ を加算すれば，その材の曲げモーメント図が得られる（図 3.7）．中央部分の曲げモーメント $M_C$ は，$M_0$ が中央で最大値を生じる場合には，次式で求められる．

$$M_C = \frac{M_{AB} - M_{BA}}{2} + M_0 \tag{3.11}$$

　また，せん断力は静定構造物のときと同様に，

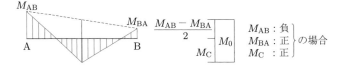

図 3.7 両端モーメントと中間モーメント

$$Q = \frac{dM}{dx} \tag{3.12}$$

により求めることもできるが，両端の曲げモーメントから，

$$Q_{AB} = -\frac{M_{AB} + M_{BA}}{L} + {}_cQ_{AB}, \qquad Q_{BA} = -\frac{M_{AB} + M_{BA}}{L} - {}_cQ_{BA} \tag{3.13}$$

により求めることもできる．

また，等分布荷重や等変分布荷重での最大曲げモーメント $M_{max}$ は，$Q = dM/dx = 0$ となる点で発生することに留意して算定する．

**参考**

集中荷重と等分布荷重が作用する場合のモーメントとせん断力の分布を図 3.8 に示す．

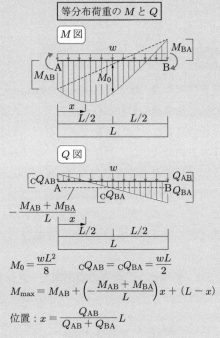

図 3.8

（6）部材端モーメントの符号

　部材端のモーメントの符号は，部材端部に作用するモーメントが時計まわりを正としている．静定力学で定義した「梁材の下端引張を正とする」という定義とは異なるので注意する．ただし，モーメント図としては，同様に部材の引張られている側にモーメント図が描かれることは同じである．

　イメージとしては，図3.9 (a)の部材端モーメントの矢印が部材にぶつかるときに押し出す方向にM図を描けばよい．部材端モーメント$M$の数値を記入する場合は，柱と梁の交点において，図(b)のように梁右端$M$を上に，柱下端$M$を右に，梁左端$M$を下に，柱上端$M$を左に書くことが多い．すなわち，材端モーメントを時計まわりに押し出した位置に書くと記憶すればよい．

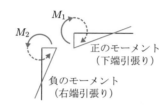

図3.9　部材端モーメントの符号

## 3.3　他端ピンと対称条件

　建築構造物は，梁スパンが同じであることが多く，構造物が対称になることが多い．また，作用荷重も対称条件を満足することが多い．このため，対象条件を有効に使うと，構造計算が大幅に省略できることがある．

　手計算の時代には，対象条件をいかに有効に使い，計算量を減らして手早く計算するかが，技術者の技量であった．現在のように計算をコンピュータに行わせる場合には，計算量の増大はそれほどの問題ではなく，いかに間違いなく計算を行うか（いかにコンピュータに正しいデータを与えるか）が重要である．このため，対象条件の有効性は薄くなっているが，力学的な基礎知識として理解しておくことに意味がある．

### 3.3.1　他端ピンの場合の固定端モーメント

　図3.10のような他端がピン支持の場合を考える．

$$
\left.
\begin{aligned}
M_{AB} &= k(2\varphi_A + \varphi_B + \psi) + C_{AB} \\
M_{BA} &= k(\varphi_A + 2\varphi_B + \psi) + C_{BA}
\end{aligned}
\right\}
\tag{3.14}
$$

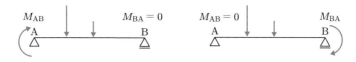

図 3.10 一端ピン材

の基本公式に対して，右側がピンの場合には，つぎの条件を付け加える．

- 梁材なので $\psi = 0$
- $M_{\mathrm{BA}} = 0$（ピン支点ではモーメント $= 0$）より

$$M_{\mathrm{AB}} = k(2\varphi_{\mathrm{A}} + \varphi_{\mathrm{B}} + \psi) + C_{\mathrm{AB}}$$
$$M_{\mathrm{BA}} = k(\varphi_{\mathrm{A}} + 2\varphi_{\mathrm{B}} + \psi) + C_{\mathrm{BA}} = 0$$
(3.15)

となり，$\varphi_{\mathrm{B}}$ を消去すると

$$M_{\mathrm{AB}} = k(1.5\varphi_{\mathrm{A}}) + H_{\mathrm{AB}} = k_e(2\varphi_{\mathrm{A}}) + H_{\mathrm{AB}}$$
$$H_{\mathrm{AB}} = C_{\mathrm{AB}} - \frac{1}{2}C_{\mathrm{BA}}$$
(3.16)

となる．左側がピンの場合も同様になる．

この関係を用いると，ピン支点の回転角は消去されて未知量にならない．式(3.16)の $\varphi_{\mathrm{A}}$ の係数を 2 とするためには，剛比 $k$ を $3/4$ 倍した有効剛比 $k_e$ を用い，つぎの $H_{\mathrm{AB}}$ と $H_{\mathrm{BA}}$ を $C_{\mathrm{AB}}$ と $C_{\mathrm{BA}}$ の代わりに使えば，ピン部分の回転角はすでに消去されているので未知量とはならず，少ない未知量で連立方程式の計算量を簡略化できる．

$$k_e = \frac{3}{4}k$$
$$H_{\mathrm{AB}} = C_{\mathrm{AB}} - \frac{1}{2}C_{\mathrm{BA}}, \qquad H_{\mathrm{BA}} = C_{\mathrm{BA}} - \frac{1}{2}C_{\mathrm{AB}}$$
(3.17)

AB 部材のどちらかがピンの場合には，次式となる．

$$M_{\mathrm{AB}} = k_e(2\varphi_{\mathrm{A}}) + H_{\mathrm{AB}} \quad （\text{B 端がピンの場合}）$$
(3.18)

$$M_{\mathrm{BA}} = k_e(2\varphi_{\mathrm{B}}) + H_{\mathrm{BA}} \quad （\text{A 端がピンの場合}）$$
(3.19)

## ▌3.3.2 対称・逆対称条件

構造物および荷重が，対称条件または逆対称条件を満足する場合には，図 3.11 に示したような変形状況となる．図に示したように回転角の値に対称・逆対称条件が与えられるので，これを利用すれば，構造物全体を解かなくても，その $1/2$ を解析して，

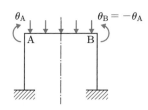

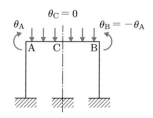

（a）奇数スパン対称荷重

（b）偶数スパン対称荷重

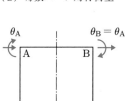

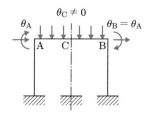

（c）奇数スパン逆対称荷重

（d）偶数スパン逆対称荷重

図 3.11　対称・逆対称条件

反対側部分に投影してやれば，全体の解析結果が得られる．

　ただし，偶数スパンに逆対称荷重が作用する場合には，図 3.11 の(d)のように中央
C 点の柱部分の変形量が存在する場合があるので注意する．この場合には，柱剛性を
1/2 にして，右半分を無視して計算し，得られた応力の 2 倍を中央部柱の部材応力と
する．

例題 3.1　固定端モーメント
　図(a)の梁の固定端モーメントを計算せよ．

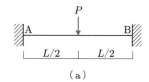

（a）

解答 ••••••••••••••••••••••••••••••••••••••••••••••••••••••

単純梁のモーメントを荷重として，式(3.6)より求める．モーメント図の面積 $S$ は
以下により算定される（図(b)）．

$$S = \frac{1}{4}PL \times \frac{L}{2} = \frac{1}{8}PL^2, \qquad x_0 = \frac{L}{2}$$

$$C_{AB} = \frac{-2S(2L - 3x_0)}{L^2} = \frac{-2 \times \frac{1}{8}PL^2 \left(2L - \frac{3}{2}L\right)}{L^2} = -\frac{PL}{8}$$

$$C_{BA} = \frac{2S(3x_0 - L)}{L^2}$$

$$= \frac{2 \times \frac{1}{8}PL^2\left(\frac{3}{2}L - L\right)}{L^2} = \frac{PL}{8}$$

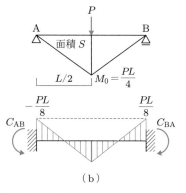

よって，つぎのようになる（付録3参照）．

$$C_{AB} = -\frac{PL}{8}, \qquad C_{BA} = \frac{PL}{8}$$

（b）

---

**例題 3.2** たわみ角法

図(a)の等分布荷重を受ける梁の A 端の曲げモーメント $M_{AB}$ を，たわみ角法を用いて求めよ．

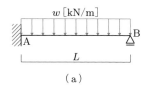

（a）

**解答**

固定端モーメントと最大モーメントはつぎのようになる．

$$C_{AB} = -\frac{wL^2}{12}, \qquad C_{BA} = \frac{wL^2}{12}, \qquad M_0 = \frac{wL^2}{8}$$

B 端はピンであるので，$H_{AB}$ を使用して部材端モーメントを求める（図(b)）．

$$M_{AB} = k_e(2\varphi_A) + H_{AB}$$

$$H_{AB} = C_{AB} - \frac{1}{2}C_{BA} = -\frac{wL^2}{8}$$

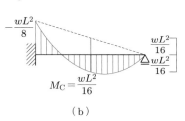

（b）

A 端は固定端なので $\varphi_A = 0$ であり，

$$M_{AB} = H_{AB} = -\frac{wL^2}{8}$$

となる．なお，中央モーメントはつぎのようになる．

$$M_C = \frac{M_{AB}}{2} + M_0 = -\frac{1}{16}wL^2 + \frac{1}{8}wL^2 = \frac{wL^2}{16}$$

## 3.4  節点方程式

　剛接点では，各部材は相互の角度を保ったまま回転するので，各部材は同じ量だけ回転する．すなわち，回転角 $\theta$ は節点には一つであり，各節点には一つの未知量（回転角）が存在する．

　節点に外力モーメントが作用する場合には，力の釣り合い条件から，

<u>　　節点に生じるモーメントの和 = 外力モーメント</u>

であるから，図 3.12 のように O 点に柱と梁に相当する四つの部材が取り付いている場合には，次式の「節点方程式」が得られる．

$$M_{\mathrm{OA}} + M_{\mathrm{OB}} + M_{\mathrm{OC}} + M_{\mathrm{OD}} = M_{外力} \tag{3.20}$$

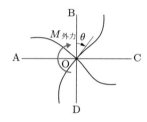

図 3.12　節点モーメントの釣り合い

　部材角を生じない（節点に移動を生じない）場合，または部材角が無視できる場合には，この節点方程式のみを用いて部材応力を求めることができる．

　節点ごとに節点方程式と回転未知量 $\theta$（または $\varphi$）が得られるので，

<u>　　方程式数 = 未知量の数</u>

となり，$n$ 個の節点（固定支点を除く）に対して $n$ 個の式が得られ，$n$ 元の連立方程式を解けば $n$ 個の回転角の解が得られる．そして，式(3.8)または式(3.10)より曲げモーメントが計算される．

### 例題 3.3　たわみ角法（節点方程式 1）

　図(a)の B 節点にモーメント外力 $M_{\mathrm{B}}$ が作用する場合，ラーメンの部材応力（$M$ 図，$Q$ 図）を，たわみ角法を用いて求めよ．

$M_{\mathrm{B}} = 120\,\mathrm{kN \cdot m}$

$k = 1.0$

$k = 2.0$

2500

4000

（a）

**解答** ••••••••••••••••••••••••••••••••••••••••••••••••••••••••••••

　基本条件は，$\varphi_A = 0$，$\varphi_C = 0$，$\psi = 0$ である．

　部材角 $R = 0$（$\psi = 0$）の仮定は，工学的にさしつかえない近似である．

① 固定端モーメント：節点荷重のみで中間荷重がないので，固定端モーメントはない．

② 部材端モーメント

$$M_{AB} = 2.0(\varphi_B) = 2\varphi_B, \qquad M_{BA} = 2.0(2\varphi_B) = 4\varphi_B$$

$$M_{BC} = 1.0(2\varphi_B) = 2\varphi_B, \qquad M_{CB} = 1.0(\varphi_B) = \varphi_B$$

③ 節点方程式

$$M_{BA} + M_{BC} = M_B$$

上式に②を代入すると，つぎのように求められる．

$$4\varphi_B + 2\varphi_B = 120 \;\to\; \varphi_B = 20\,\text{kN·m}$$

④ 部材応力（図(b)）

$$M_{AB} = 40\,\text{kN·m}, \qquad M_{BA} = 80\,\text{kN·m}$$

$$M_{BC} = 40\,\text{kN·m}, \qquad M_{CB} = 20\,\text{kN·m}$$

梁 BC のせん断力　$Q = -\dfrac{(40+20)}{4.0} = -15\,\text{kN}$　（式(3.13)より）

柱 AB のせん断力　$Q = -\dfrac{(80+40)}{2.5} = -48\,\text{kN}$

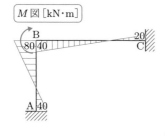
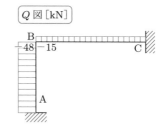

（b）

•••••••••••••••••••••••••••••••••••••••••••••••••••••••••••••••••••••••

**例題 3.4**　たわみ角法（節点方程式 2）

　図(a)の等分布荷重が作用するラーメンの部材応力
($M$ 図，$Q$ 図）を，たわみ角法を用いて求めよ.

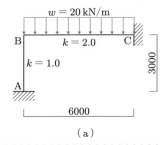

（a）

**解答**・・・・・・・・・・・・・・・・・・・・・・・・・・・・・・・・・・・・・・・・・・・・・・・・・・・・・・・

　基本条件は，$\varphi_A = 0$，$\varphi_C = 0$，$\psi = 0$（部材角 $R = 0$）である.

① 固定端モーメント

$$C_{BC} = -\frac{1}{12}wL^2 = -60\,\text{kN·m}, \qquad C_{CB} = \frac{1}{12}wL^2 = 60\,\text{kN·m}$$

② 部材端モーメント

$$M_{AB} = 1.0(\varphi_B) = \varphi_B, \qquad M_{BA} = 1.0(2\varphi_B) = 2\varphi_B$$

$$M_{BC} = 2.0(2\varphi_B) + C_{BC} = 4\varphi_B - 60$$

$$M_{CB} = 2.0(\varphi_B) + C_{CB} = 2\varphi_B + 60$$

③ 節点方程式

$$M_{BA} + M_{BC} = 0 \quad （外力 M = 0 のため右辺は 0）$$

上式に②を代入すると，$\varphi_B$ はつぎのようになる.

$$2\varphi_B + 4\varphi_B - 60 = 0.0 \;\rightarrow\; \varphi_B = 10\,\text{kN·m}$$

④ 部材応力（図(b)）

$$M_{AB} = 10\,\text{kN·m}, \qquad M_{BA} = 20\,\text{kN·m}$$

$$M_{BC} = -20\,\text{kN·m}, \qquad M_{CB} = 80\,\text{kN·m}$$

（柱 AB）　$Q = -\dfrac{20 + 10}{3.0} = -10\,\text{kN}$

（梁 CB）　$Q_{BC} = \dfrac{wL}{2} - \dfrac{M_{BC} + M_{CB}}{L} = \dfrac{20 \times 6.0}{2} - \dfrac{-20 + 80}{6.0} = 50\,\text{kN}$

$\qquad\qquad Q_{CB} = -\dfrac{wL}{2} - \dfrac{M_{BC} + M_{CB}}{L} = -\dfrac{20 \times 6.0}{2} - \dfrac{-20 + 80}{6.0}$

$\qquad\qquad\quad = -70\,\text{kN}$

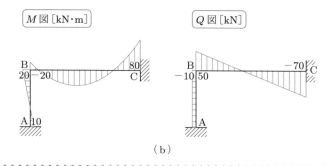

（b）

### 例題 3.5　たわみ角法（節点方程式 3）

図(a)の等分布荷重が作用する連続梁の部材応力（$M$図，$Q$図）および B 点の回転角 $\theta_B$ を，たわみ角法を用いて求めよ．ただし，梁部材の $E = 2.1 \times 10^5\,\mathrm{kN/mm^2}$，標準剛度 $K_0 = 15\,\mathrm{mm^3}$ とする．

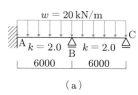

（a）

### 解答

基本条件は，$\varphi_A = 0$，$\psi = 0$（部材角 $R = 0$）である．

① 固定端モーメント

$$C_{AB} = -\frac{wL^2}{12} = -60\,\mathrm{kN \cdot m}, \qquad C_{BA} = 60\,\mathrm{kN \cdot m}$$

$$H_{BC} = -\frac{wL^2}{8} = -90\,\mathrm{kN \cdot m}$$

$$\left( H_{BC} = C_{BC} - \frac{1}{2}C_{CB} = -\frac{wL^2}{12} - \frac{wL^2}{24} = -\frac{wL^2}{8} \right)$$

② 部材端モーメント

$$M_{AB} = 2.0(\varphi_B) + C_{AB} = 2\varphi_B - 60$$

$$M_{BA} = 2.0(2\varphi_B) + C_{BA} = 4\varphi_B + 60$$

$$M_{BC} = 1.5(2\varphi_B) + H_{BC} = 3\varphi_B - 90$$

$$\left( k_e = 2.0 \times \frac{3}{4} = 1.5 \right)$$

③ 節点方程式

$$M_{BA} + M_{BC} = 0$$

上式に②を代入すると，$\varphi_B$ はつぎのようになる．

$$7\varphi_B - 30 = 0.0 \ \rightarrow \ \varphi_B = 4.3 \, \text{kN·m}$$

④ 部材応力（図 (b)）

$$M_{AB} = 9 - 60 = -51 \, \text{kN·m}, \qquad M_{BA} = 17 + 60 = 77 \, \text{kN·m}$$

$$M_{BC} = 13 - 90 = -77 \, \text{kN·m}$$

梁 AB のせん断力

$$Q_{AB} = \frac{wL}{2} - \frac{M_{AB} + M_{BA}}{L} = 60 - \frac{-51 + 77}{6.0} = 56 \, \text{kN}$$

$$Q_{BA} = -\frac{wL}{2} - \frac{M_{AB} + M_{BA}}{L} = -60 - \frac{-51 + 77}{6.0} = -64 \, \text{kN}$$

梁 BC のせん断力

$$Q_{BC} = \frac{wL}{2} - \frac{M_{BC} + M_{CB}}{L} = 60 - \frac{-77 + 0}{6.0} = 73 \, \text{kN}$$

$$Q_{CB} = -\frac{wL}{2} - \frac{M_{BC} + M_{CB}}{L} = -60 - \frac{-77 + 0}{6.0} = -47 \, \text{kN}$$

支点反力は，せん断力の値から得られ，図(b)の値となる．また，支点反力合計値
= 56 + 137 + 47 = 240 kN となる（外力値 = 20 × 6.0 × 2 = 240 kN と対応）．

⑤ B 点の回転角

式(3.9)より，以下のように計算される（単位は，N と mm に換算する）．

$$\varphi_B = 2EK_0\theta_B \ \rightarrow \ \theta_B = \frac{\varphi_B}{2EK_0} = \frac{4.3 \times 10^6}{2 \times 2.1 \times 10^5 \times 15 \times 10^3} = 6.8 \times 10^{-4} \, \text{rad}$$

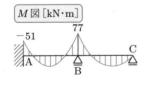
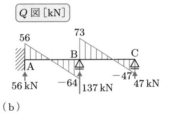

（b）

- - - - - - - - - - - - - - - - - - - - - - - - - - - - - - - - - - - - - - - - - - -

例題 3.6 たわみ角法（節点方程式 4）

(1) 図(a)の柱と梁の断面二次モーメントを求めよ．

(2) 柱剛比を 1.0 とした場合の梁剛比 $k_b$ を求めよ．

(3) 上記の剛比を用いて，図(b)のラーメンの部材応力（$M$ 図，$Q$ 図）を，たわみ角法により求めよ．

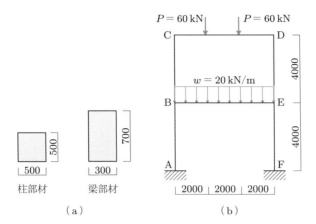

(a) (b)

**解答** • • • • • • • • • • • • • • • • • • • • • • • • • • • • • • • • • • • • • • • • • • • • • •

(1)

$$\text{柱材 } I_c = \frac{500 \times 500^3}{12} = 5.2 \times 10^9 \text{ mm}^4$$

$$\text{梁材 } I_b = \frac{300 \times 700^3}{12} = 8.6 \times 10^9 \text{ mm}^4$$

(2)

$$K_0 \times k_c = \frac{I_c}{L_c}, \quad k_c = 1.0 \text{ より},$$

$$K_0 = \frac{I_c}{k_c L_c} = \frac{5.2 \times 10^9}{1.0 \times 4000} = 1.3 \times 10^6 \text{ mm}^3$$

$$k_b = \frac{I_b}{k_0 L_b} = \frac{8.6 \times 10^9}{1.3 \times 10^6 \times 6000} = 1.1$$

(3) 左右対称より $\varphi_E = -\varphi_B$, $\varphi_D = -\varphi_C$ であり，節点移動はないので $\psi = 0$ である．

① 固定端モーメント

$$C_{BE} = -C_{EB} = -\frac{\omega L^2}{12} = -\frac{20 \times 6^2}{12} = -60 \text{ kN·m}$$

$$C_{CD} = -C_{DC} = -\frac{2PL}{9} = -\frac{2 \times 60 \times 6}{9} = -80 \text{ kN·m}$$

② 部材端モーメント

（柱）　$M_{AB} = 1.0(\varphi_B)$,　　　　$M_{BA} = 1.0(2\varphi_B)$

　　　　$M_{BC} = 1.0(2\varphi_B + \varphi_C)$,　$M_{CB} = 1.0(\varphi_B + 2\varphi_C)$

（梁）　$M_{BE} = 1.1(2\varphi_B + \varphi_E) - 60 = 1.1\varphi_B - 60$

$M_{CD} = 1.1(2\varphi_C + \varphi_D) - 80 = 1.1\varphi_C - 80$

③　節点方程式

節点 B での釣り合い：$M_{BA} + M_{BC} + M_{BE} = 0$

節点 C での釣り合い：$M_{CB} + M_{CD} = 0$

上式に②を代入すると，つぎのようになる．

$2.0\varphi_B + (2.0\varphi_B + \varphi_C) + (1.1\varphi_B - 60) = 0 \ \rightarrow \ 5.1\varphi_B + \varphi_C - 60 = 0$

$(\varphi_B + 2.0\varphi_C) + (1.1\varphi_C - 80) = 0 \ \rightarrow \ \varphi_B + 3.1\varphi_C - 80 = 0$

この連立方程式を解くと，$\varphi_B = 7.2\,\text{kN·m}$，$\varphi_C = 23.5\,\text{kN·m}$ となる．

④　$\varphi_B$ と $\varphi_C$ の値を②に代入して，各部材の曲げモーメントを求める．

$M_{AB} = 7\,\text{kN·m},\qquad M_{BA} = 14\,\text{kN·m}$

$M_{BC} = 38\,\text{kN·m},\qquad M_{CB} = 54\,\text{kN·m}$

$M_{BE} = -52\,\text{kN·m},\qquad M_{CD} = -54\,\text{kN·m}$

梁 BE の中央曲げモーメント $M_{中央}$ の計算は以
下による（梁 CD は省略）（図(c)）．

$M_{中央} = M_{BE} + \dfrac{wL^2}{8} = -52 + 90 = 38\,\text{kN·m}$

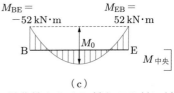

（c）

⑤　部材応力（図(d)）：柱 DE 材と EF 材の応力は，対称性から AB 材と BC 材に対
しモーメント図は対称となり，符号は逆となる．

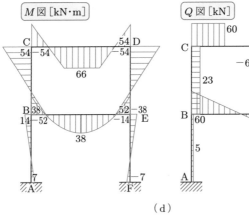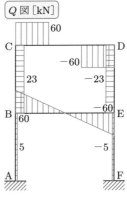

（d）

## 3.5 層方程式

　節点が移動して部材角が生じるときには，節点方程式だけでは解が得られず，層方程式が必要となる．骨組みに水平力が作用すると，柱にせん断力が生じて，柱が水平方向に移動する．このように，柱に部材角が存在する場合には，水平力に対して層せん断力の釣り合い式（層方程式）を用いて，柱の部材角を決定することができる．

　この場合にも，厳密には柱の伸縮により梁にも部材角が生じているが，低層の建物ではその影響が少ないとして無視し，梁の $\psi = 0$ とする．水平外力と層せん断力の釣り合いは，図 3.13 のような 2 層骨組みの場合には，

$$P_2 = {}_2Q_{C_1} + {}_2Q_{C_2}$$

$$P_1 + P_2 = {}_1Q_{C_1} + {}_1Q_{C_2}$$

となる．$N$ 層で柱本数が $L$ 本の場合には，次式となる．

$$\sum_{j=i}^{N} P_j = \sum_{k=1}^{L} {}_iQ_k \tag{3.21}$$

ここに，$P_i$：$i$ 層に用する水平力 [kN]

　　　　$_iQ_k$：$i$ 層の $k$ 番目の柱のせん断力 [kN]

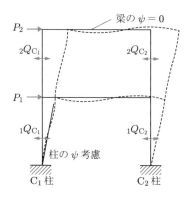

図 3.13　柱のせん断力

　すなわち，「ある層より上部に作用する水平外力の合計値は，その層の柱せん断力の合計値である層せん断力に等しい」という関係が導かれる．

　一方，各柱のせん断力と曲げモーメントの関係は，式(3.13)より

$$_iQ_C = -\frac{M_{柱上} + M_{柱下}}{h_i} \tag{3.22}$$

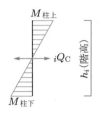

図 3.14　柱のせん断力と曲げモーメントの関係

であるので，これを式(3.21)に代入すると，層せん断力と曲げモーメントの関係式が層について一つ得られる（図 3.14）.

　柱に部材角がある場合の解法は，層方程式を用いてつぎの考え方と手順のようになる.

（1）仮定事項

　　① 梁が伸縮しないとし，ある層の柱頭節点の水平変形量は同一とする（床が完全な剛体で伸縮しない：剛床仮定）.

　　② 層について基本公式(3.10)の $\psi$ は一つとする（①により，上下層の水平変形量の差を階高で割った部材角 $\psi$ は一つの値である）.

　　③ 梁の $\psi$ は 0 とする（柱の伸縮を無視するので，梁の部材角は 0 である）.

（2）層方程式

　式(3.21)の右辺に式(3.22)を代入すれば，各柱上下の $\varphi$ と層の $\psi$ を未知量として，層ごとに式が一つできる.

（3）全体の方程式

　　① $\varphi$ について → 節点方程式（節点の数だけ）

　　② $\psi$ について → 層方程式（層の数だけ）

となり，未知数と式数が一致し，(節点数 + 層数)元の連立方程式を解けば解が得られる.

**例題 3.7　たわみ角法（層方程式 1）**

　図(a)の水平力が作用するラーメンの部材応力（$M$ 図，$Q$ 図，$N$ 図）および B 点の水平変形 $\delta_B$ を，たわみ角法を用いて求めよ. ただし，部材の剛比は図(a)の値とし，$E = 2.1 \times 10^5 \, \mathrm{N/mm^2}$，$K_0 = 15 \times 10^3 \, \mathrm{mm^3}$ とする.

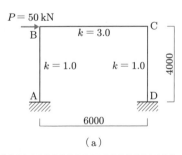

（a）

**解答**

　基本条件は，左右逆対称のため $\varphi_B = \varphi_C$，$\psi$ は層に一つ，$\varphi_A = \varphi_B = 0$（固定）で

ある. また, 節点荷重のため固定端モーメントはない.

① 部材端モーメント

$$M_{\mathrm{BA}} = 1.0(2\varphi_{\mathrm{B}} + \psi) = 2\varphi_{\mathrm{B}} + \psi \ (= M_{\mathrm{CD}})$$

$$M_{\mathrm{AB}} = 1.0(\varphi_{\mathrm{B}} + \psi) = \varphi_{\mathrm{B}} + \psi \quad (= M_{\mathrm{DC}})$$

$$M_{\mathrm{BC}} = 3.0(2\varphi_{\mathrm{B}} + \varphi_{\mathrm{C}}) = 9\varphi_{\mathrm{B}} \quad (= M_{\mathrm{CB}})$$

② 節点方程式 (B 点)

$$M_{\mathrm{BA}} + M_{\mathrm{BC}} = 0$$

$$2\varphi_{\mathrm{B}} + \psi + 9\varphi_{\mathrm{B}} = 0 \ \rightarrow \ 11\varphi_{\mathrm{B}} + \psi = 0$$

③ 層方程式

$$\sum Q = P = -\frac{M_{\mathrm{AB}} + M_{\mathrm{BA}}}{h} \times 2 \ (\text{左右柱を考えて 2 倍している})$$

$$50 = -\frac{(2\varphi_{\mathrm{B}} + \psi) + (\varphi_{\mathrm{B}} + \psi)}{4.0} \times 2 \ \rightarrow \ 3\varphi_{\mathrm{B}} + 2\psi = -100$$

④ 連立方程式を解くと, $19\varphi_{\mathrm{B}} = 100$ からつぎのようになる.

$$\varphi_{\mathrm{B}} = 5.3 \,\mathrm{kN\cdot m}, \qquad \psi = -58 \,\mathrm{kN\cdot m}$$

部材応力は, つぎのようになる.

$$M_{\mathrm{BA}} = -47 \,\mathrm{kN\cdot m}, \qquad Q_{\mathrm{BC}} = -\frac{(48 + 48)}{6.0} = -16 \,\mathrm{kN}$$

$$N_{\mathrm{AB}} = -Q_{\mathrm{BC}} = 16 \,\mathrm{kN}, \qquad M_{\mathrm{AB}} = -53 \,\mathrm{kN\cdot m}$$

$$Q_{\mathrm{AB}} = -\frac{(-53 - 47)}{4.0} = 25 \,\mathrm{kN}, \qquad M_{\mathrm{BC}} = 48 \,\mathrm{kN\cdot m}$$

$$N_{\mathrm{CD}} = Q_{\mathrm{BC}} = -16 \,\mathrm{kN}$$

⑤ 応力図 (せん断力の正負符号は省略) (図(b))

⑥ B 点の水平変形 $\delta_{\mathrm{B}}$

$$\psi = -6Ek_0 R,$$

$$R = -\frac{\psi}{6Ek_0} = \frac{58 \times 10^6}{6 \times 2.1 \times 10^5 \times 15 \times 10^3} = 3.1 \times 10^{-3} \,\mathrm{rad}$$

$$\delta_{\mathrm{B}} = R \times 4000 = 1.2 \,\mathrm{mm}$$

(モーメントの単位を kN·m から N·mm に変更する必要がある)

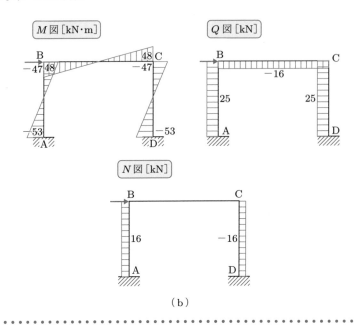

（b）

・・・・・・・・・・・・・・・・・・・・・・・・・・・・・・・・・・・・・・・・・・・・・・・・・・・・・・・・・・・・・・・・・

## 3.6　連立方程式の漸近解法

　2層ラーメンの例を用いて，たわみ角法の連立方程式を漸近解法（反復法：iteration）により解く場合を示す．このような骨組み応力の解析における連立方程式は，係数値が力学的根拠により定められていて数値自体の変動も大きくないので，漸近解法により比較的簡単に解を求めることができる．

**2層ラーメンの例**（図 3.15）

（基本条件）

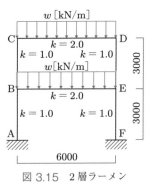

図 3.15　2層ラーメン

$$\varphi_E = -\varphi_B, \qquad \varphi_D = -\varphi_C \text{（対称条件）}$$

$$\varphi_A = \varphi_F = 0 \text{（固定）}, \qquad \psi = 0 \text{（鉛直荷重）}$$

$$C：固定端モーメント\left(= \frac{wL^2}{12}\right)$$

① 部材端モーメント

$$M_{BA} = 1.0(2\varphi_B) = 2\varphi_B$$

$$M_{BE} = 2.0(2\varphi_B + \varphi_E) - C = 2\varphi_B - C$$

$$M_{\mathrm{BC}} = 1.0(2\varphi_{\mathrm{B}} + \varphi_{\mathrm{C}}) = 2\varphi_{\mathrm{B}} + \varphi_{\mathrm{C}}$$

$$M_{\mathrm{CB}} = 1.0(\varphi_{\mathrm{B}} + 2\varphi_{\mathrm{C}}) = \varphi_{\mathrm{B}} + 2\varphi_{\mathrm{C}}$$

$$M_{\mathrm{CD}} = 2.0(2\varphi_{\mathrm{C}} + \varphi_{\mathrm{D}}) - C = 2\varphi_{\mathrm{C}} - C$$

② 節点方程式

　(1)　B 点　$M_{\mathrm{BA}} + M_{\mathrm{BE}} + M_{\mathrm{BC}} = 0 \rightarrow 6\varphi_{\mathrm{B}} + \varphi_{\mathrm{C}} - C = 0$

　(2)　C 点　$M_{\mathrm{CB}} + M_{\mathrm{CD}} = 0 \qquad \rightarrow \varphi_{\mathrm{B}} + 4\varphi_{\mathrm{C}} - C = 0$

③ 漸近解法

　②の(1)より $\varphi_{\mathrm{B}} = (C - \varphi_{\mathrm{C}})/6$，②の(2)より $\varphi_{\mathrm{C}} = (C - \varphi_{\mathrm{B}})/4$ となる.

　第 1 回の値を $\varphi_{\mathrm{C}} = 0$ として $\varphi_{\mathrm{B}}$ を計算し，以後求められた値を使用して，順次計算を行い，同じ値が求められたところで計算を終了する（次表参照）.

| 漸近計算表 | 第 1 回 | 第 2 回 | 第 3 回 |
|---|---|---|---|
| (1) $\varphi_{\mathrm{B}} = \dfrac{C - \varphi_{\mathrm{C}}}{6}$ | 0.17C | 0.13C | <u>0.13C</u> |
| (2) $\varphi_{\mathrm{C}} = \dfrac{C - \varphi_{\mathrm{B}}}{4}$ | 0.21C | <u>0.22C</u> | （終了） |

注）　__（下線）は最終値を示す.

　精算値は，$\varphi_{\mathrm{B}} = 0.130C$，$\varphi_{\mathrm{C}} = 0.217C$ であり，十分な精度を有している.　一般的な構造物においては，たわみ角法による連立方程式の性状がよく，漸近計算での収束が速いという特徴がある.

　この考え方をさらに発展させ，$\varphi$ ではなく曲げモーメント $M$ を直接計算できるようにしたものが，第 4 章に述べる固定法である.

**例題 3.8**　たわみ角法（層方程式 2）

　図(a)の水平力が作用するラーメンの部材応力（$M$ 図，$Q$ 図，$N$ 図）を，たわみ角法を用いて求めよ. ただし，部材の剛比は図(a)の値とする.

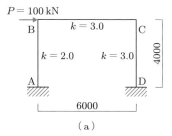

（a）

**解答**

　この場合，左右の柱剛比が異なるので，逆対称条件は成立しない.　基本条件は，$\varphi_{\mathrm{A}} = \varphi_{\mathrm{D}} = 0$（固定），$\varphi_{\mathrm{B}}$，$\varphi_{\mathrm{C}}$，$\psi$ の 3 未知量である.

① 部材端モーメント

$$M_{AB} = 2.0(\varphi_B + \psi), \qquad M_{BA} = 2.0(2\varphi_B + \psi)$$

$$M_{BC} = 3.0(2\varphi_B + \varphi_C), \qquad M_{CB} = 3.0(\varphi_B + 2\varphi_C)$$

$$M_{CD} = 3.0(2\varphi_C + \psi), \qquad M_{DC} = 3.0(\varphi_C + \psi)$$

② 節点方程式

B 点　$M_{BA} + M_{BC} = 10\varphi_B + 3\varphi_C + 2\psi = 0$

C 点　$M_{CB} + M_{CD} = 3\varphi_B + 12\varphi_C + 3\psi = 0$

③ 層方程式

$$\sum Q = P = -\frac{M_{AB} + M_{BA}}{h} - \frac{M_{CD} + M_{DC}}{h}$$

$$(6\varphi_B + 4\psi) + (9\varphi_C + 6\psi) = -100 \times 4.0 \rightarrow 6\varphi_B + 9\varphi_C + 10\psi = -400$$

④ 連立方程式の解法（漸近解法）：第 1 回の値を $\varphi_B = 0$, $\varphi_C = 0$ として，以後求められた値を使用して，順次計算を行うと次表のようになる.

| 漸近計算表 | 第 1 回 | 第 2 回 | 第 3 回 | 第 4 回 | 第 5 回 | 第 6 回 |
|---|---|---|---|---|---|---|
| (1) $\varphi_B = -(0.3\varphi_C + 0.2\psi)$ | 0 | 8.0 | 8.0 | 7.6 | 7.5 | 7.5 |
| (2) $\varphi_C = -(0.25\varphi_B + 0.25\psi)$ | 0 | 8.0 | 11.0 | 11.8 | 11.9 | (終了) |
| (3) $\psi = -40 - (0.6\varphi_B + 0.9\varphi_C)$ | −40 | −52.0 | −54.7 | −55.2 | −55.2 | |

注)　＿（下線）は最終値を示す.

この結果は，精解値と比較して

$\varphi_B = 7.5\,\text{kN·m} \quad \Leftrightarrow \quad$ 精解値　　7.46

$\varphi_C = 11.9\,\text{kN·m} \Leftrightarrow \qquad\quad$ 11.94

$\psi = -55.2\,\text{kN·m} \Leftrightarrow \qquad\quad$ −55.22

であり，漸近解法は十分な計算精度をもっていることがわかる.

⑤ 部材端応力

$M_{AB} = -95\,\text{kN·m}, \quad Q_{AB} = -\dfrac{(-80 - 95)}{4.0} = 44\,\text{kN}$

$M_{BA} = -80\,\text{kN·m}$

$M_{BC} = 81\,\text{kN·m}, \quad Q_{BC} = -\dfrac{(-81 + 94)}{6.0} = -29\,\text{kN}, \quad N_{AB} = -Q_{BC} = 29\,\text{kN}$

$M_{CB} = 94\,\text{kN·m}, \qquad\qquad\qquad\qquad\qquad\qquad\qquad N_{CD} = Q_{BC} = -29\,\text{kN}$

$$M_{\text{CD}} = -94\,\text{kN·m}, \quad Q_{\text{CD}} = -\frac{(-94 - 130)}{4.0} = 56\,\text{kN},$$

$$M_{\text{DC}} = -130\,\text{kN·m}$$

⑥ 応力図（図(b)）

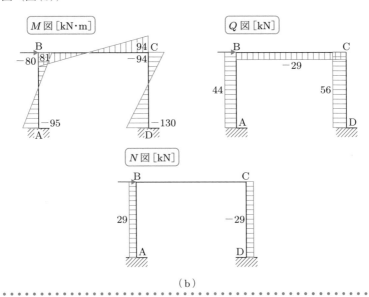

（b）

---

例題3.9　たわみ角法（層方程式3）

図(a)の水平力が作用する2層ラーメンの部材応力（$M$図, $Q$図）を, たわみ角法を用いて求めよ. ただし, 各部材の剛比は図(a)のとおりである.

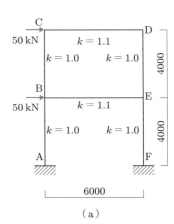

（a）

解答 • • • • • • • • • • • • • • • • • • • • • • • • • • • • • • • • • • • •

基本条件は逆対称性と固定条件より, $\varphi_{\text{B}} = \varphi_{\text{E}}$, $\varphi_{\text{C}} = \varphi_{\text{D}}$, $\varphi_{\text{A}} = 0$, $\varphi_{\text{F}} = 0$ となる. 1層目と2層目の $\psi$ を, $\psi_1$, $\psi_2$ とする. 固定端モーメントは0である.

① 部材端モーメント

　　柱　$M_{\text{AB}} = 1.0(\varphi_{\text{B}} + \psi_1)$, 　　$M_{\text{BA}} = 1.0(2\varphi_{\text{B}} + \psi_1)$

$$M_{BC} = 1.0(2\varphi_B + \varphi_C + \psi_2), \qquad M_{CB} = 1.0(\varphi_B + 2\varphi_C + \psi_2)$$

梁　$M_{BE} = 1.1(2\varphi_B + \varphi_E) = 3.3\varphi_B, \qquad M_{CD} = 1.1(2\varphi_C + \varphi_D) = 3.3\varphi_C$

② 節点方程式

B点　$M_{BA} + M_{BC} + M_{BE} = 0$

$\quad (2.0\varphi_B + \psi_1) + (2.0\varphi_B + \varphi_C + \psi_2) + 3.3\varphi_B = 0$

$\quad 7.3\varphi_B + \varphi_C + \psi_1 + \psi_2 = 0$

C点　$M_{CB} + M_{CD} = 0$

$\quad (\varphi_B + 2.0\varphi_C + \psi_2) + 3.3\varphi_C = 0$

$\quad \varphi_B + 5.3\varphi_C + \psi_2 = 0$

③ 層方程式

層せん断力は，$Q_2 = 50\,\mathrm{kN}$，$Q_1 = 50 + 50 = 100\,\mathrm{kN}$ である．柱が2本あるので，左側の柱の $Q$ を求めて2倍する．

$$Q_2 = -\frac{M_{BC} + M_{CB}}{4.0} \times 2 = -\frac{(\varphi_B + 2\varphi_C + \psi_2) + (2\varphi_B + \varphi_C + \psi_2)}{4.0} \times 2 = 50$$

より，

$$3\varphi_B + 3\varphi_C + 2\psi_2 = -100$$

$$Q_1 = -\frac{M_{AB} + M_{BA}}{4.0} \times 2 = -\frac{(\varphi_B + \psi_1) + (2\varphi_B + \psi_1)}{4.0} \times 2 = 100$$

より，

$$3\varphi_B + 2\psi_1 = -200$$

となる．

④ 連立方程式の解法（漸近解法）

| 漸近計算表 | 第1回 | 第2回 | 第3回 | 第4回 | 第5回 | 第6回 | 第7回 | 第8回 |
|---|---|---|---|---|---|---|---|---|
| (1) $\varphi_B = -\dfrac{1}{7.3}(\varphi_C + \psi_1 + \psi_2)$ | 0 | 21 | 29 | 33 | 35 | 36 | 37 | <u>37</u> |
| (2) $\varphi_C = -\dfrac{1}{5.3}(\varphi_B + \psi_2)$ | 0 | 6 | 11 | 15 | 16 | 17 | 18 | <u>18</u> |
| (3) $\psi_1 = -100 - \dfrac{3}{2}\varphi_B$ | −100 | −131 | −144 | −150 | −153 | −154 | −155 | <u>−155</u> |
| (4) $\psi_2 = -50 - \dfrac{1}{2}(3\varphi_B + 3\varphi_C)$ | −50 | −89 | −111 | −122 | −127 | −130 | −131 | <u>−132</u> |

注）　＿＿（下線）は最終値を示す．

よって，つぎのようになる．

$$\varphi_B = 37 \, \mathrm{kN \cdot m}, \qquad \varphi_C = 18 \, \mathrm{kN \cdot m}$$

$$\psi_1 = -155 \, \mathrm{kN \cdot m}, \qquad \psi_2 = -132 \, \mathrm{kN \cdot m}$$

⑤　部材応力

$\varphi$ と $\psi$ を①に代入して，部材端モーメントがつぎのように得られる．

$$M_{AB} = -118 \, \mathrm{kN \cdot m}, \qquad M_{BA} = -82 \, \mathrm{kN \cdot m}$$

$$M_{BC} = -41 \, \mathrm{kN \cdot m}, \qquad M_{CB} = -59 \, \mathrm{kN \cdot m}$$

$$M_{BE} = 122 \, \mathrm{kN \cdot m}, \qquad M_{CD} = 59 \, \mathrm{kN \cdot m}$$

部材のせん断力は，両端の曲げモーメントをスパン長で割って得られる．

$$Q_{AB} = -\frac{-118 - 82}{4.0} = 50 \, \mathrm{kN}, \qquad Q_{BC} = -\frac{-41 - 59}{4.0} = 25 \, \mathrm{kN}$$

$$N_{BC} = -Q_{CD} = 20 \, \mathrm{kN}$$

$$Q_{BE} = -\frac{122 + 122}{6.0} = -41 \, \mathrm{kN}, \qquad Q_{CD} = -\frac{59 + 59}{6.0} = -20 \, \mathrm{kN}$$

$$N_{AB} = N_{BC} - Q_{BE} = 61 \, \mathrm{kN}$$

⑥　応力図（図(b)）

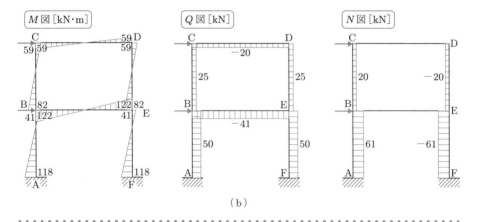

（b）

**演習問題**

3.1 ［たわみ角法］問図 3.1 の梁の B 点の曲げモーメント $M_{\mathrm{BA}}$ を，たわみ角法を用いて求めよ．

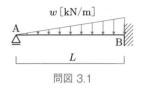

問図 3.1

3.2 ［たわみ角法（節点方程式 1）］問図 3.2 の骨組みの部材応力（$M$ 図，$Q$ 図）を，たわみ角法を用いて求めよ．

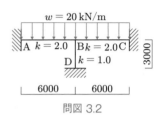

問図 3.2

3.3 ［たわみ角法（節点方程式 2）］問図 3.3 の骨組みの部材応力（$M$ 図，$Q$ 図）を，たわみ角法を用いて求めよ．

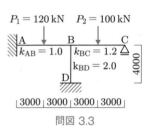

問図 3.3

3.4 ［たわみ角法（節点方程式 3）］問図 3.4 のラーメンの部材応力（$M$ 図，$Q$ 図）を，たわみ角法を用いて求めよ．ただし，部材の $E$ は一定とし，断面寸法は AB 材：$B \times D = 600 \times 600$，BC 材：$B \times D = 400 \times 800$，CD 材：$B \times D = 700 \times 700$ とする．なお，AB 材の剛比 $k_{\mathrm{AB}}$ を 1.0 とする．

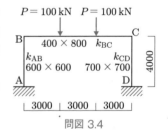

問図 3.4

3.5 ［たわみ角法（層方程式）］問図 3.5 のラーメンの部材応力（$M$ 図，$Q$ 図，$N$ 図）を，たわみ角法を用いて求めよ．

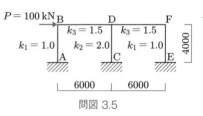

問図 3.5

# 第4章 固定法

　固定法は，たわみ角法の連立方程式を解く手法を簡便にして，作表により容易に計算できるようにしたものである．第3章で説明した連立方程式の漸近解法をさらに簡単にしてあり，作表ルールさえ理解すれば，だれにでも計算できる．また，たわみ角法のように変形を未知量とするのではなく，曲げモーメントそのものを未知量としているので，部材応力が直接求められるのも魅力である．

　固定法を最も便利に利用できる構造物は連続梁である．ラーメンに対しては，柱に部材角を生じない場合に適用するのが適切である．部材角を生じる場合には，作表計算が面倒になるので，簡便に解が得られるという固定法のよさが失われてしまう．本書では，部材角が生じない場合に限って固定法を解説する．

　固定法の作表計算は，計算自体は簡単であるが細かいルールは面倒である．固定法を実際に計算する機会は少ないので，ルールを熟知する必要はないが，力はこのように釣り合っているのだという感覚が，計算を通じて得られるとよい．固定法は手計算用に開発された方法であるが，計算ソフトの Excel などを利用すれば，パソコンで簡単に応力計算が行える．

東京・お台場〈東京国際交流館〉
留学生・研究者宿舎，国際交流会議場

## 4.1　固定法の基本的な考え方

　固定法（moment distribution method）は，たわみ角法に立脚しながら，これを改良して反復計算による漸近解法により解を得ようというものである．本書で扱う固定法においては，部材角はないものとし，節点回転角のみがある場合を対象としている．

### 4.1.1　固定法の特徴
　固定法の基本的な特徴としては，つぎのようなものがあげられる．
　①　基本仮定はたわみ角法と同じで，節点回転角を考慮した変位法の一種である．
　②　変位法ではあるが，計算方法を工夫して，結果としては曲げモーメント（部材応力）が直接求められるようにしている．
　③　単純な反復計算により解が求められる（手計算に適している）．
　④　反復計算の回数に応じて計算精度が向上するので，必要精度が得られるところで計算を打ち切ればよい（通常は 2 回程度の反復計算でよい）．
　⑤　通常は，部材角がないと見なせる鉛直荷重に対して用いられ，水平荷重に対しては使用しない．

### 4.1.2　固定法の原理
　固定法は，節点における不釣り合いモーメントである解放モーメント $M_r$ の「モーメントの分割」と，分割したモーメントの部材他端への「モーメントの到達」を繰り返すことにより，最終的に曲げモーメントの釣り合い条件を満足する状態を得る手法である．
(1) 節点での解放モーメント
　各節点において，部材端部に生じている曲げモーメントは釣り合っていなければならない．計算過程において，部材端の曲げモーメント和が 0 とならない場合には，その値の逆符号のモーメントが不釣り合いモーメントである解放モーメント $M_r$ となる．
(2) モーメントの分割
　節点に作用する解放モーメント $M_r$ は，節点に取り付いている部材に分割して分担される．この関係を，他端を固定した部材に対して計算する．
　いま，節点 O に柱と梁を想定した 4 部材が取り付き，それぞれの他端が A，B，C，D であり，部材の剛比は $k_A \sim k_D$ であるとする（図 4.1）．中間荷重がないので固定端モーメントは 0 である．固定端では回転角が 0，すなわち $\varphi_A = \varphi_B = \varphi_C = \varphi_D = 0$ となり，未知量は $\varphi_0$ のみである．

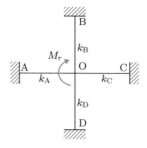

図 4.1　モーメントの分割

部材端モーメントは，つぎのようになる．

$$
\left.\begin{aligned}
M_{\mathrm{OA}} &= k_{\mathrm{A}}(2\varphi_0) \\
M_{\mathrm{OB}} &= k_{\mathrm{B}}(2\varphi_0) \\
M_{\mathrm{OC}} &= k_{\mathrm{C}}(2\varphi_0) \\
M_{\mathrm{OD}} &= k_{\mathrm{D}}(2\varphi_0)
\end{aligned}\right\} \tag{4.1}
$$

O 点の節点モーメントの釣り合いより，

$$
\begin{aligned}
M_r &= M_{\mathrm{OA}} + M_{\mathrm{OB}} + M_{\mathrm{OC}} + M_{\mathrm{OD}} \\
&= 2(k_{\mathrm{A}} + k_{\mathrm{B}} + k_{\mathrm{C}} + k_{\mathrm{D}})\varphi_0 \\
\varphi_0 &= \frac{M_r}{2(k_{\mathrm{A}} + k_{\mathrm{B}} + k_{\mathrm{C}} + k_{\mathrm{D}})} = \frac{M_r}{2\sum k}
\end{aligned}
$$

となり，よって

$$
\left.\begin{aligned}
M_{\mathrm{OA}} &= \frac{k_{\mathrm{A}}}{\sum k}M_r, & M_{\mathrm{OB}} &= \frac{k_{\mathrm{B}}}{\sum k}M_r \\
M_{\mathrm{OC}} &= \frac{k_{\mathrm{C}}}{\sum k}M_r, & M_{\mathrm{OD}} &= \frac{k_{\mathrm{D}}}{\sum k}M_r
\end{aligned}\right\} \tag{4.2}
$$

となる．結果としてつぎのようになる．

$$
\left.\begin{aligned}
M_{\mathrm{OA}} &= \mu_{\mathrm{A}}M_r, & M_{\mathrm{OB}} &= \mu_{\mathrm{B}}M_r \\
M_{\mathrm{OC}} &= \mu_{\mathrm{C}}M_r, & M_{\mathrm{OD}} &= \mu_{\mathrm{D}}M_r
\end{aligned}\right\} \tag{4.3}
$$

ここに，$\mu_i = k_i / \sum k$ を分割率 といい，$\mu_{\mathrm{A}} + \mu_{\mathrm{B}} + \mu_{\mathrm{C}} + \mu_{\mathrm{D}} = 1.0$ となる．$M_r$ が $\mu_{\mathrm{A}} \sim \mu_{\mathrm{D}}$ の比率に応じて分割されることになり，この $M_{\mathrm{OA}} \sim M_{\mathrm{OD}}$ を分割モーメント という．

（3）モーメントの到達

　上記の解放モーメント $M_r$ により，$\varphi_0$ がある値をもつと，それにより各部材の反対側の A〜D 端にも曲げモーメントが生じる．A〜D 端の曲げモーメントは，つぎのようになる．

$$M_{AO} = k_A\varphi_0, \qquad M_{BO} = k_B\varphi_0, \qquad M_{CO} = k_C\varphi_0, \qquad M_{DO} = k_D\varphi_0$$

ここに，式(4.1)の関係を考慮すると，

$$\left.\begin{array}{l} M_{AO} = \dfrac{1}{2}M_{OA} \\[1.2em] M_{BO} = \dfrac{1}{2}M_{OB} \\[1.2em] M_{CO} = \dfrac{1}{2}M_{OC} \\[1.2em] M_{DO} = \dfrac{1}{2}M_{OD} \end{array}\right\} \tag{4.4}$$

となり，分割モーメント $M_{OA}$〜$M_{OD}$ の 1/2 が，到達モーメントとして反対側の固定端に到達することがわかる（図 4.2）．

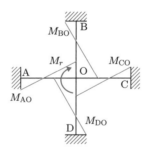

図 4.2　モーメントの到達

## 4.2　固定法の計算手順

　固定法では，その名が示すように，ある部材を考えるときに部材両端の節点は固定であると仮定して，部材に作用している荷重による節点モーメントを計算する．つぎに，各節点に作用している節点モーメントの合計値と同じ値で反対符号の解放モーメントを考える．節点モーメントと解放モーメントの和は 0 となり，節点ではモーメントは釣り合っている．

そして，解放モーメントを節点に取り付いている部材に分配し，他端の固定端にモーメントを伝達させる．この手順を，各節点について繰り返し計算していくと，最終的にはすべての節点モーメントがバランスして釣り合い状態が得られる．この時点で，曲げモーメントの解が得られたことになる．

この計算手順を示すと，つぎのようになる．

① 固定端モーメント（fixed-end moment）の計算

　部材端を固定として，中間荷重のある各部材の固定端モーメントを求める．柱のような中間荷重がない部材では，固定端モーメントは 0 である．

② 解放モーメント（release moment）の計算

　節点に固定端モーメントの合計値と逆向きの解放モーメント $M_r$ を加えて，節点の釣り合いを図る（固定端モーメントの和 + 解放モーメント = 0）．

③ 分割モーメント（distribution moment）の計算

　節点の解放モーメント $M_r$（不釣り合いモーメント）を，部材の他端が固定であると仮定して，節点に取り付いている部材に分割する．図 4.1 のように，剛比 $k_A \sim k_D$ の 4 部材が取り付いていると，分割率（distribution factor）を用いて，$M_{OA} = \mu_A M_r$，$M_{OB} = \mu_B M_r$，$M_{OC} = \mu_C M_r$，$M_{OD} = \mu_D M_r$ となり，$M_r$ を $\mu_A \sim \mu_D$ の比率に応じて分割し，$M_{OA} \sim M_{OD}$ を分割モーメントとする．

④ 到達モーメント（carry-over moment）の計算

　分割モーメント $M_{OA} \sim M_{OD}$ の 1/2 を，到達モーメントとして部材の反対側に到達させる．すなわち，つぎのようになる．

$$M_{AO} = \frac{1}{2}M_{OA}, \quad M_{BO} = \frac{1}{2}M_{OB}, \quad M_{CO} = \frac{1}{2}M_{OC}, \quad M_{DO} = \frac{1}{2}M_{OD}$$

⑤ ②～④の作業を全節点について行う．

⑥ 各節点について到達モーメントの和を求め，逆向きの値を新しい解放モーメント $M_r$ とする．これは，②に類似する作業である．

⑦ 以後③～⑥の作業をすべての節点について繰り返す．解放モーメントが十分小さくなったら計算を終了する（通常は 2～3 回繰り返す）．

⑧ ①，③，④のモーメント値を合計する（③，④の値は，繰り返し回数分ある）．

## 4.3　作表計算の手順

固定法の計算は，計算図表を用いて行うと便利である．図 4.3 に計算図表の例を示す．この図表を用いて以下の手順で計算を行う（付録 4 参照）．

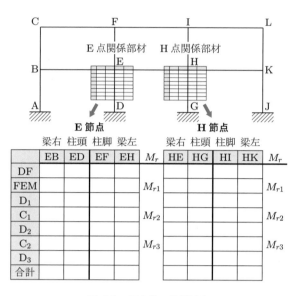

図 4.3　固定法の計算図表

① 計算図表の用意

　　節点 A, B, C, … に対し，部材 AB, BC, … がある．たとえば，ED 欄には部材 ED の E 端モーメント（$M_{ED}$）を記入する．

② 分割率 DF（distribution factor）の計算

　　各部材剛比を用いて，$\mu_i = k_i / \sum k$ を計算し，DF 欄に記入する．ここで，各節点において $\sum \mu_i = 1.0$ となることに注意する．対称条件などがある場合は，有効剛比 $k_e$ を用いる．

③ 固定端モーメント FEM（fixed-end moment）の計算

　　中間荷重による固定端モーメント（$C_{AB}$, $C_{BA}$）を計算し，FEM 欄に記入する．他端ピンの場合は，式(3.17)の（$H_{AB}$, $H_{BA}$）を用いる．

④ 各節点の FEM 合計値の正負逆符号を，解放モーメント $M_r$ とし，枠外に記入する．$\sum \text{FEM} + M_r = 0$ であることに留意し，計算中にチェックしておく．

⑤ 解放モーメントに分割率 DF を掛けたものが分割モーメントであり，これを $D_1$ 欄に記入する．

⑥ 到達モーメントは，分割モーメント $D_1$ の半分の値を部材の反対側に到達させる．これを $C_1$ 欄に記入する．BE の $D_1$ 欄の 1/2 を EB の $C_1$ 欄に記入し，EB の $D_1$ 欄の 1/2 を BE の $C_1$ 欄に記入する．

⑦ 各節点の $C_1$ 欄の合計値の正負逆符号を解放モーメント $M_r$ とする．

⑧ ⑤〜⑦を繰り返し，⑦が全体のモーメントに比べて小さくなったとき，分割

モーメント $D_i$ の計算⑤を行い終了する．一般的には 2 回程度の繰り返しとし，3 回目の分割を行い終了としている．

⑨ 節点ごとに全部材のモーメントを集計して，各部材端の曲げモーメントとする．

## 4.4 有効剛比

対称性，逆対称性，部材端部ピン条件の性質を利用すると，未知数を減らすことができる．未知数が減少すれば計算が容易になり，計算間違いも減らすことができる．しかし，適切でない使い方による間違いを生じる可能性もあるので注意する．基本的には，有効剛比を使用しなくても問題は解けるということを理解しておくとよい．

以下に有効剛比の考え方を説明する．

(1) 対称変形する部材

部材 BC では，$\varphi_B = -\varphi_C$（⌒ と ⌒）となり，次式が得られる．

$$M_{BC} = k_b(2\varphi_B + \varphi_C) = k_b(2\varphi_B - \varphi_B) = k_b(\varphi_B) = \frac{k_b}{2}(2\varphi_B) \tag{4.5}$$

すなわち，BC 材の有効剛比 $k_e = (1/2)\,k_b$ とすると，右半分の C，D 点の変形を考えなくてよい．得られる部材応力は左半分のみであるから，得られた部材応力を対称にして右にも適用する（図 4.4）．

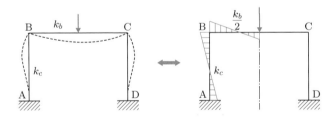

図 4.4 対称変形部材

(2) 逆対称変形する部材

部材 BC では，$\varphi_B = \varphi_C$（⌒ と ⌒）となり，次式が得られる．

$$M_{BC} = k_b(2\varphi_B + \varphi_C) = k_b(2\varphi_B + \varphi_B) = k_b(3\varphi_B) = \frac{3k_b}{2}(2\varphi_B) \tag{4.6}$$

すなわち，BC 材の有効剛比 $k_e = (3/2)\,k_b$ とすると，右半分の C，D 点の変形を考えなくてよい．得られる部材応力は左半分のみであるから，得られた部材応力を逆対称にして右にも適用する（図 4.5）．

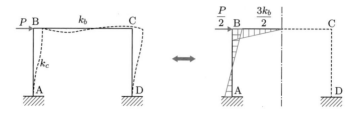

図 4.5　逆対称変形部材

(3) 他端ピンの場合

BC 材のモーメントは，次式

$$\left.\begin{array}{l} M_{\mathrm{BC}} = k_b(2\varphi_{\mathrm{B}} + \varphi_{\mathrm{C}}) + C_{\mathrm{BC}} \\ M_{\mathrm{CB}} = k_b(\varphi_{\mathrm{B}} + 2\varphi_{\mathrm{C}}) + C_{\mathrm{CB}} = 0 \end{array}\right\} \tag{4.7}$$

により与えられ，$M_{\mathrm{CB}} = 0$ の条件を用いて $\varphi_{\mathrm{C}}$ を消去することができる．

$$\varphi_{\mathrm{C}} = \frac{1}{2}\left(-\frac{C_{\mathrm{CB}}}{k_b} - \varphi_{\mathrm{B}}\right)$$

$$M_{\mathrm{BC}} = k_b\left(\frac{3}{2}\varphi_{\mathrm{B}}\right) + C_{\mathrm{BC}} - \frac{C_{\mathrm{CB}}}{2} = \frac{3}{4}k_b(2\varphi_{\mathrm{B}}) + H_{\mathrm{BC}} \tag{4.8}$$

ここに，$H_{\mathrm{BC}} = C_{\mathrm{BC}} - C_{\mathrm{CB}}/2$ である．すなわち，他端ピンの BC 材の有効剛比 $k_e = (3/4)\,k_b$ を用いると，右半分の C，D 点の変形を考えなくてよい．得られる部材応力は左半分のみであるから，得られた部材応力は右端がピンであることを考慮して作成する（図 4.6）．

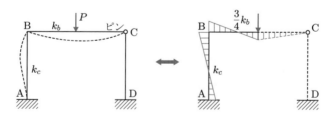

図 4.6　他端ピン部材

(4) 有効剛比

以上より，荷重および架構が対称などの条件のときには，以下の有効剛比を用いれば，未知数を減らすことができる（表 4.1）．

以下に計算例を示すが，この計算結果は計算ソフト（Excel）による計算精度の高い値を四捨五入している．手計算による場合には，計算順序や数値の丸めにより値が

表 4.1　有効剛比

| | 部材の状態 | 有効剛比 $k_e$ | 備　考 |
|---|---|---|---|
| (1) | 対称変形 | $\dfrac{1}{2}k$ | 固定端モーメントは，関係箇所のみを使用する. |
| (2) | 逆対称変形 | $\dfrac{3}{2}k$ | 固定端モーメントは，関係箇所のみを使用する. |
| (3) | 他端ピン | $\dfrac{3}{4}k$ | 固定端モーメント $H_{\mathrm{AB}}$ を使用する. |

変わることがあるが，45 と 47 はほぼ等しい数値であると考え，あまり神経質にならずに計算を進める.

**例題 4.1**　固定法 1

図(a)の等分布荷重が作用する連続梁の部材応力（$M$ 図）を，固定法を用いて求めよ.

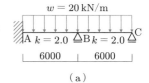

（a）

**解答**

① 固定端モーメント（付録 3 参照）

$$C_{\mathrm{AB}} = -\frac{wL^2}{12} = -60\,\mathrm{kN\cdot m}, \qquad C_{\mathrm{BA}} = 60\,\mathrm{kN\cdot m}$$

② 作表計算（BC 材の C 端ピンの条件を考慮して，分割・到達させる）

A 節点は固定端であるので，伝達されたモーメントはすべて受け取り分割されないので，DF に値がない．C 節点はピン支点であるので同様に DF に値がなく，伝達されたモーメントはすべて解放して，節点全体モーメントが 0 になるようにする．分割モーメント $D_2$ は部材の反対側に 1/2 を伝達するが，図(b)の矢印のように AB 材からは BA 材に，という形で記号を頼りに伝達させるとよい.

| | A点 | | B点 | | | C点 | |
|---|---|---|---|---|---|---|---|
| | 梁左 $k=2.0$ 梁右 | | 梁左 $k=2.0$ 梁右 | | | 梁左 $k=2.0$ 梁右 | |
| | AB | $M_r$ | BA | BC | $M_r$ | CB | $M_r$ |
| DF | — | | 0.5 | 0.5 | | — | |
| FEM | −60 | — | 60 | −60 | 0 | 60 | −60 |
| $D_1$ | 0 | | 0 | 0 | | −60 | |
| $C_1$ | 0 | | 0 | −30 | 30 | 0 | 0 |
| $D_2$ | 0 | | 15 | 15 | | 0 | |
| $C_2$ | 8 | — | 0 | 0 | | 8 | −8 |
| $D_3$ | 0 | | 0 | 0 | | −8 | |
| 合計 | −52 | | 75 | −75 | | 0 | |

（b）

③ 応力図（図(c)）

　上記のモーメントより，応力図を作成する．曲げモーメント図の作図方法は，たわみ角法の場合と同じであり，時計まわりを正として考える（図3.8参照）．

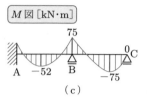

（c）

[別解答]

① 固定端モーメント（BC材はC端がピンであるので，$H_{BC}$を用いる）

$$C_{AB} = -\frac{wL^2}{12} = -60\,\text{kN·m}, \qquad C_{BA} = 60\,\text{kN·m}, \qquad H_{BC} = -90\,\text{kN·m}$$

② 作表計算

　A節点は固定端であるので，伝達されたモーメントはすべて受け取り，受け取ったモーメントの分割はしない．C節点は$H_{BC}$を用いているので，計算に関係しなくなり無視する．なお，BC材の剛比は，$2.0 \times 3/4 = 1.5$の等価剛比とする．この場合には，未知数が少ないことから1回で計算が終了し，結果も正解値に近い（図(d)）．

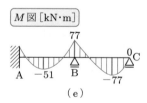

|  | A点<br>梁左 $k=2.0$ |  | B点<br>梁右 梁左 $k=1.5$ 梁右 |  |  | C点 |
|---|---|---|---|---|---|---|
|  | AB | $M_r$ | BA | BC | $M_r$ | CB |
| DF | — |  | 0.57 | 0.43 |  | — |
| FEM | −60 | — | 60 | −90 | 30 | — |
| $D_1$ | 0 |  | 17 | 13 |  | — |
| $C_1$ | 9 |  | 0 | 0 | 0 | — |
| $D_2$ | 0 |  | 0 | 0 |  | — |
| 合計 | −51 |  | 77 | −77 |  | 0 |

（d）

③ 応力図（図(e)）

M図[kN·m]

　　　　77

A　−51　B　　−77　　C  0

（e）

**例題 4.2** 固定法 2

図(a)の構造物の部材応力（$M$ 図）を，固定法を用いて求めよ．

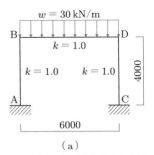

（a）

**解答**

① 固定端モーメント FEM

$$C_{BD} = -\frac{wL^2}{12} = -\frac{30 \times 6^2}{12} = -90\,\text{kN·m}, \qquad C_{DB} = 90\,\text{kN·m}$$

② 分割率 DF

B 点 $\mu_{BA} = \dfrac{1.0}{1.0 + 1.0} = 0.5,\qquad \mu_{BD} = \dfrac{1.0}{1.0 + 1.0} = 0.5$

D 点 $\mu_{DB} = \dfrac{1.0}{1.0 + 1.0} = 0.5,\qquad \mu_{DC} = \dfrac{1.0}{1.0 + 1.0} = 0.5$

③ 作表計算（図(b)）

柱頭　柱脚　梁左　　　　梁右　柱頭

B 点　　　　　$k = 1.0$　　D 点

| | BA | − | BD | $M_r$ | DB | DC | $M_r$ |
|---|---|---|---|---|---|---|---|
| DF | 0.5 | | 0.5 | | 0.5 | 0.5 | |
| FEM | 0 | | −90 | 90 | 90 | 0 | −90 |
| $D_1$ | 45 | | 45 | | −45 | −45 | |
| $C_1$ | 0 | | −23 | 23 | 23 | 0 | −23 |
| $D_2$ | 11 | | 11 | | −11 | −11 | |
| $C_2$ | 0 | | −6 | 6 | 6 | 0 | −6 |
| $D_3$ | 3 | | 3 | | −3 | −3 | |
| 合計 | 59 | | −59 | | 59 | −59 | |

A 点　$k = 1.0$

| | − | AB |
|---|---|---|
| DF | | − |
| FEM | | 0 |
| $D_1$ | | 0 |
| $C_1$ | | 23 |
| $D_2$ | | 0 |
| $C_2$ | | 6 |
| $D_3$ | | 0 |
| 合計 | | 29 |

C 点　$k = 1.0$

| | CD |
|---|---|
| DF | − |
| FEM | 0 |
| $D_1$ | 0 |
| $C_1$ | −23 |
| $D_2$ | 0 |
| $C_2$ | −6 |
| $D_3$ | 0 |
| 合計 | −29 |

（b）

固定法の計算は，手計算であり有効桁数も2桁程度を考えればよい．そのために，分割率 $\mu$ も少数以下2桁の数値とし，表中の計算も $45/2 = 23$ 程度の計算で十分である．また，節点の総モーメントの1〜2%程度の誤差は無視してもよい．B節点の釣り合いを厳密に考えれば，$60 - 59 = 1$ で0ではないが，$1/60$ 程度の誤差は無視してもよいので，本書ではこの程度の計算で打ち切ることにする．

もちろん，もっと有効桁数を上げたい場合には，分割率以降の計算において，有効桁を3桁以上として繰り返し回数を増やすことになる．

④　応力図（図(c)）

梁中央モーメントはつぎのようになる．

$$M_0 = \frac{30 \times 6.0^2}{8} = 135\,\text{kN·m}$$

$$M_{中央} = 135 - 59 = 76\,\text{kN·m}$$

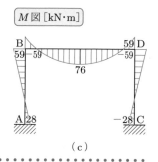

（c）

---

例題 4.3　固定法 3

図(a)のラーメンの部材応力（$M$ 図）を，固定法を用いて求めよ．

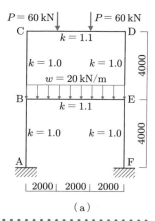

（a）

解答 ••••••••••••••••••••••••••••••••••••••••••••••••••

①　固定端モーメント

$$C_{BE} = -\frac{wl^2}{12} = -\frac{20 \times 6^2}{12} = -60\,\text{kN·m}$$

$$C_{CD} = -\frac{2Pl}{9} = -\frac{2 \times 60 \times 6}{9} = -80\,\text{kN·m}$$

②　分割率

B点　$\mu_{BA} = \dfrac{1.0}{1.0 + 1.0 + 1.1} = 0.32,$　$\mu_{BC} = \dfrac{1.0}{1.0 + 1.0 + 1.1} = 0.32$

$$\mu_{\mathrm{BE}} = \frac{1.1}{1.0 + 1.0 + 1.1} = 0.35$$

　分割率の値は，$\mu_{\mathrm{BE}}$ の値 0.3548 を四捨五入し 0.35 としたため，節点での和が 0.99 となり 1.0 になっていないが，誤差範囲である．

　C 点　$\mu_{\mathrm{CB}} = \dfrac{1.0}{1.0 + 1.1} = 0.48$, 　　$\mu_{\mathrm{CD}} = \dfrac{1.1}{1.0 + 1.1} = 0.52$

③　作表計算（図(b)）

|  | 柱頭 | 柱脚 | 梁左 |  | 梁右 | 柱頭 | 柱脚 |  |
|---|---|---|---|---|---|---|---|---|
|  | C 点 |  | $k = 1.1$ |  |  | D 点 |  |  |
|  | CB | − | CF | $M_r$ | DC | DE | − | $M_r$ |
| DF | 0.48 |  | 0.52 |  | 0.52 | 0.48 |  |  |
| FEM | 0 |  | −80 | 80 | 80 | 0 |  | −80 |
| $D_1$ | 38 |  | 42 |  | −42 | −38 |  |  |
| $C_1$ | 10 |  | −21 | 11 | 21 | −10 |  | −11 |
| $D_2$ | 5 |  | 6 |  | −6 | −5 |  |  |
| $C_2$ | −1 |  | −3 | 4 | 3 | 1 |  | −4 |
| $D_3$ | 2 |  | 2 |  | −2 | −2 |  |  |
| 合計 | 54 | − | −54 |  | 54 | −54 |  |  |

|  | B 点 | $k = 1.0$ | $k = 1.1$ |  |  | E 点 | $k = 1.0$ |  |
|---|---|---|---|---|---|---|---|---|
|  | BA | BC | BE | $M_r$ | EB | EF | ED | $M_r$ |
| DF | 0.32 | 0.32 | 0.35 |  | 0.35 | 0.32 | 0.32 |  |
| FEM | 0 | 0 | −60 | 60 | 60 | 0 | 0 | −60 |
| $D_1$ | 19 | 19 | 21 |  | −21 | −19 | −19 |  |
| $C_1$ | 0 | 19 | −11 | −9 | 11 | 0 | −19 | 9 |
| $D_2$ | −3 | −3 | −3 |  | 3 | 3 | 3 |  |
| $C_2$ | 0 | 3 | 2 | −4 | −2 | 0 | −3 | 4 |
| $D_3$ | −1 | −1 | −1 |  | 1 | 1 | 1 |  |
| 合計 | 15 | 37 | −52 |  | 52 | −15 | −37 |  |

|  | A 点 ▨ | $k = 1.0$ |
|---|---|---|
|  | − | AB |
| DF |  | − |
| FEM |  | 0 |
| $D_1$ |  | 0 |
| $C_1$ |  | 10 |
| $D_2$ |  | 0 |
| $C_2$ |  | −1 |
| $D_3$ |  | 0 |
| 合計 |  | 8 |

|  | F 点 ▨ | $k = 1.0$ |
|---|---|---|
|  | − | FE |
| DF |  | − |
| FEM |  | 0 |
| $D_1$ |  | 0 |
| $C_1$ |  | −10 |
| $D_2$ |  | 0 |
| $C_2$ |  | 1 |
| $D_3$ |  | 0 |
| 合計 |  | −8 |

（b）

④　応力図

　応力図としては，図(c)の $M$ 図が得られる．この問題は「たわみ角法の例題3.6」と同じ問題である．結果を比較すると，数値計算誤差はあるがほぼ一致している．

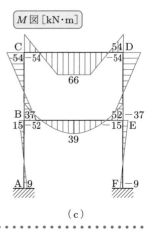

（c）

---

**例題 4.4**　固定法4

　図(a)の等分布荷重を受ける骨組みの部材応力（$M$ 図，$Q$ 図）を，固定法を用いて求めよ．

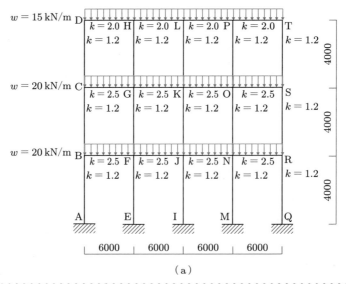

（a）

**解答**

　中央で対称であるので，左側の2スパンのみを計算対象とする．その際，I，J，K，L節点は偶数スパンの対称軸上にあり回転角は0となるので，固定節点として扱う．

①　固定端モーメント FEM（各階左端の梁を示すが，同階のほかの梁も同じ値となる）

$$\text{RF}：C_{\text{DH}} = -\frac{wL^2}{12} = -45\,\text{kN·m}, \qquad C_{\text{HD}} = 45\,\text{kN·m}$$

$$3\mathrm{F} : C_{\mathrm{CG}} = -60\,\mathrm{kN\cdot m}, \qquad C_{\mathrm{GC}} = 60\,\mathrm{kN\cdot m}$$

$$2\mathrm{F} : C_{\mathrm{BF}} = -60\,\mathrm{kN\cdot m}, \qquad C_{\mathrm{FB}} = 60\,\mathrm{kN\cdot m}$$

柱の FEM は中間荷重がないので 0 である.

② 作表計算（図(b)）

D 点　　　　　　　$k=2.0$　H 点　　　　　　　$k=2.0$ L 点

| | DC | − | DH | $M_r$ | HD | HG | − | HL | $M_r$ | LH |
|---|---|---|---|---|---|---|---|---|---|---|
| DF | 0.38 | | 0.63 | | 0.38 | 0.23 | | 0.38 | | — |
| FEM | 0 | | −45 | 45.0 | 45 | 0 | | −45 | 0 | 45 |
| $D_1$ | 16.9 | | 28.1 | | 0.0 | 0.0 | | 0.0 | | 0.0 |
| $C_1$ | 7.3 | | 0.0 | −7.3 | 14.1 | 0.0 | | 0.0 | −14.1 | 0.0 |
| $D_2$ | −2.8 | | −4.6 | | −5.4 | −3.2 | | −5.4 | | 0.0 |
| $C_2$ | −1.9 | | −2.7 | 4.6 | −2.3 | −1.2 | | 0.0 | 3.5 | −2.7 |
| $D_3$ | 1.7 | | −2.9 | | 1.4 | 0.8 | | 1.4 | | 0.0 |
| 合計 | 21 | | −21 | | 53 | −4 | | −49 | | 42 |

C 点　$k=1.2$　　$k=2.5$　G 点　$k=1.2$　　$k=2.5$ K 点

| | CB | CD | CG | $M_r$ | GC | GF | GH | GK | $M_r$ | KG |
|---|---|---|---|---|---|---|---|---|---|---|
| DF | 0.24 | 0.24 | 0.51 | | 0.34 | 0.16 | 0.16 | 0.34 | | — |
| FEM | 0 | 0 | −60 | 60.0 | 60 | 0 | 0 | −60 | 0 | 60 |
| $D_1$ | 14.7 | 14.7 | 30.6 | | 0.0 | 0.0 | 0.0 | 0.0 | | 0.0 |
| $C_1$ | 7.3 | 8.4 | 0.0 | −15.8 | 15.3 | 0.0 | 0.0 | 0.0 | −15.8 | 0.0 |
| $D_2$ | −3.9 | −3.9 | −8.1 | | −5.2 | −2.5 | −2.5 | −5.2 | | 0.0 |
| $C_2$ | −0.9 | −1.4 | −2.6 | 4.9 | −4.0 | −1.2 | −1.6 | 0.0 | 6.9 | −2.6 |
| $D_3$ | 1.2 | 1.2 | 2.5 | | 2.3 | 1.1 | 1.1 | 2.3 | | 0.0 |
| 合計 | 18 | 19 | −38 | | 68 | −3 | | −63 | | 57 |

B 点　$k=1.2$　　　　　　F 点　$k=1.2$　　$k=2.5$ J 点

| | BA | BC | BF | $M_r$ | FB | FE | FG | FJ | $M_r$ | JF |
|---|---|---|---|---|---|---|---|---|---|---|
| DF | 0.24 | 0.24 | 0.51 | | 0.34 | 0.16 | 0.16 | 0.34 | | — |
| FEM | 0 | 0 | −60 | 60.0 | 60 | 0 | 0 | −60 | 0 | 60 |
| $D_1$ | 14.7 | 14.7 | 30.6 | | 0.0 | 0.0 | 0.0 | 0.0 | | 0.0 |
| $C_1$ | 0.0 | 7.3 | 0.0 | −7.3 | 15.3 | 0.0 | 0.0 | 0.0 | −15.3 | 0.0 |
| $D_2$ | −1.8 | −1.8 | −3.7 | | −5.2 | −2.5 | −2.5 | −5.2 | | 0.0 |
| $C_2$ | 0.0 | −1.9 | −2.6 | 4.5 | −1.9 | 0.0 | −1.2 | 0.0 | 3.1 | −2.6 |
| $D_3$ | 1.1 | 1.1 | 2.3 | | 1.1 | 0.5 | 0.5 | 1.1 | | 0.0 |
| 合計 | 14 | 19 | −33 | | 69 | −2 | −3 | −64 | | 57 |

A 点　$k=1.2$　　　　　　E 点　$k=1.2$

| | − | AB | | | − | EF |
|---|---|---|---|---|---|---|
| DF | | — | | DF | | — |
| FEM | | 0 | | FEM | | 0 |
| $D_1$ | | 0.0 | | $D_1$ | | 0.0 |
| $D_2$ | | 7.3 | | $D_2$ | | 0.0 |
| $C_1$ | | 0.0 | | $C_1$ | | 0.0 |
| $C_2$ | | −0.9 | | $C_2$ | | −1.2 |
| $D_3$ | | 0.0 | | $D_3$ | | 0.0 |
| 合計 | | 6 | | 合計 | | −1 |

（b）

③　各階梁部材の中央曲げモーメント

$$\text{RF：} M_0 = \frac{wL^2}{8} = 68\,\text{kN·m}$$

$$\text{3F：} M_0 = \frac{wL^2}{8} = 90\,\text{kN·m}$$

$$\text{2F：} M_0 = \frac{wL^2}{8} = 90\,\text{kN·m}$$

各階梁部材の左端単純梁せん断力

$$\text{RF：} {}_cQ_{\text{DH}} = {}_cQ_{\text{HL}} = \frac{wL}{2} = 45\,\text{kN}$$

$$\text{3F：} {}_cQ_{\text{CG}} = {}_cQ_{\text{GK}} = \frac{wL}{2} = 60\,\text{kN}$$

$$\text{2F：} {}_cQ_{\text{BF}} = {}_cQ_{\text{FJ}} = \frac{wL}{2} = 60\,\text{kN}$$

各階柱部材せん断力

$$Q_{\text{AB}} = Q_{\text{BA}} = -\left(\frac{14+6}{4}\right) = -5\,\text{kN}$$

$$Q_{\text{BC}} = Q_{\text{CB}} = -\left(\frac{18+19}{4}\right) = -9\,\text{kN}$$

$$Q_{\text{CD}} = Q_{\text{DC}} = -\left(\frac{21+19}{4}\right) = -10\,\text{kN}$$

$$Q_{\text{EF}} = Q_{\text{FE}} = -\left(\frac{-2-1}{4}\right) = 1\,\text{kN}$$

$$Q_{\text{FG}} = Q_{\text{GF}} = -\left(\frac{-3-3}{4}\right) = 2\,\text{kN}$$

$$Q_{\text{GH}} = Q_{\text{HG}} = -\left(\frac{-4-3}{4}\right) = 2\,\text{kN}$$

梁部材せん断力

$$Q_{\text{DH}} = -\frac{-21+53}{6} + 45 = 40\,\text{kN}, \qquad Q_{\text{HD}} = -\frac{-21+53}{6} - 45 = -50\,\text{kN}$$

$$Q_{\text{HL}} = -\frac{-49+42}{6} + 45 = 46\,\text{kN}, \qquad Q_{\text{LH}} = -\frac{-49+42}{6} - 45 = -44\,\text{kN}$$

$$Q_{\text{CG}} = -\frac{-38+68}{6} + 60 = 55\,\text{kN}, \qquad Q_{\text{GC}} = -\frac{-38+68}{6} - 60 = -65\,\text{kN}$$

$$Q_{\text{GK}} = -\frac{-63+57}{6} + 60 = 61\,\text{kN}, \qquad Q_{\text{KG}} = -\frac{-63+57}{6} - 60 = -59\,\text{kN}$$

$$Q_{\text{BF}} = -\frac{-33+69}{6} + 60 = 54\,\text{kN}, \qquad Q_{\text{FB}} = -\frac{-33+69}{6} - 60 = -66\,\text{kN}$$

$$Q_{\mathrm{FJ}} = -\frac{-64 + 57}{6} + 60 = 61\,\mathrm{kN}, \qquad Q_{\mathrm{JF}} = -\frac{-64 + 57}{6} - 60 = -59\,\mathrm{kN}$$

④ 応力図（図(c)）

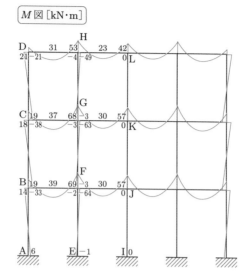

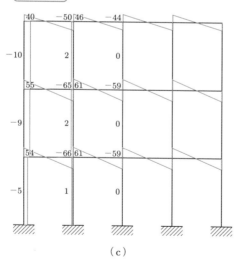

（c）

演習問題

4.1　[固定法1] 問図 4.1 の構造物の部材応力（M 図）を,
　　固定法を用いて求めよ.

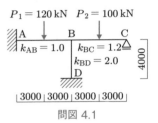

問図 4.1

4.2　[固定法2] 問図 4.2 のラーメンの部材応力（M 図）を,
　　固定法を用いて求めよ. ただし, 部材の剛比は図示の値
　　とする.

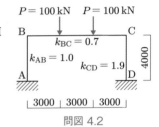

問図 4.2

4.3　[固定法3] 問図 4.3 の 2 層ラーメンの部材応力（M
　　図）を, 固定法を用いて求めよ.

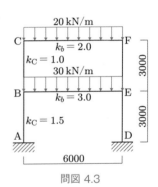

問図 4.3

# 第5章 | マトリクス変位法

　マトリクス（行列）については数学の講義で教わっていると思うが，筆者の経験でも，数学の講義で聞いた内容が実際に構造力学でどのように使われるかという点で，実感がわかないものである．

　構造力学で用いられるマトリクス計算は，応力解析に必要な連立方程式を簡便に表現して，コンピュータ計算に適したようにするのが特徴である．たとえば，$100 \times 100 = 10000$ の係数をもった連立方程式が，たったの一行で表現できるという便利さがある．最初は慣れないかもしれないが，代数と同じように扱えばいいのだと割り切って理解に努めてほしい．マトリクスは，単に「未知数や係数が多く複雑な関係式を簡便に表現している便利な道具」と理解すればよい．

　本章で学ぶ内容は，人が計算を行うためのものではなく，コンピュータが行っている計算内容を理解するためのものである．さらに，その計算内容自体はこれまで学んできた「たわみ角法」と同じものであるので，前提条件や計算結果の定性的傾向の検討などはこれまでの知識で行える．

千葉・東京湾アクアライン〈海ほたる PA〉
鉄骨造トラスの外部階段

## 5.1　マトリクスの利用

### 5.1.1　マトリクス表現

連立方程式をマトリクス（行列：matrix）として扱うと便利である．

$n$ 元の連立 1 次方程式

$$
\left.\begin{array}{l}
y_1 = a_1 x_1 + a_2 x_2 + \cdots + a_n x_n \\
\quad\vdots \\
y_2 = b_1 x_1 + b_2 x_2 + \cdots + b_n x_n \\
y_n = n_1 x_1 + n_2 x_2 + \cdots + n_n x_n
\end{array}\right\}
\tag{5.1}
$$

をマトリクス表現すると，

$$
\{y\} = \begin{Bmatrix} y_1 \\ y_2 \\ \vdots \\ y_n \end{Bmatrix}, \quad
\{x\} = \begin{Bmatrix} x_1 \\ x_2 \\ \vdots \\ x_n \end{Bmatrix}, \quad
[K] = \begin{bmatrix} a_1 & a_2 & \cdots & a_n \\ b_1 & b_2 & \cdots & b_n \\ \vdots & \vdots & \cdots & \vdots \\ n_1 & n_2 & \cdots & n_n \end{bmatrix}
$$

として，

$$
\{y\} = [K]\{x\}
\tag{5.2}
$$

となる．すなわち，代数表現 $y = K \cdot x$ のように簡便な形に表現できる．

この $n$ 元の連立方程式の解は，$[K]$ の逆マトリクス $[K]^{-1}$ を両辺の左から掛けて，

$$
[K]^{-1}\{y\} = [K]^{-1}[K]\{x\} = \{x\}
$$
$$
\{x\} = [K]^{-1}\{y\}
\tag{5.3}
$$

となる．すなわち，$(y = K \cdot x \to x = K^{-1} \cdot y)$ のような代数表現と同じに扱えることがわかる．

逆マトリクス $[K]^{-1}$ の計算自体は簡単ではないが，マトリクス計算のプログラム（通常は，サブルーチンとして提供されている）を使えば，逆数を求めるような感じでコンピュータに計算させることができる．多数の変数を扱う複雑な関係が，簡単な代数式のように表現できるのが魅力である．

### 5.1.2　応力解析におけるマトリクスの利用

マトリクスを用いて力学の問題を解くためには，未知量を設定する必要がある．そ

の未知量が応力か変位かのいずれにするかにより，応力法か変位法かが区分される．

① 応力法：部材応力を未知量とする．

② 変位法：節点変位を未知量とする．

解析対象にもよるが，応力法は構造物の形などへの対応性が悪い．一方，変位法は任意形状の構造物に幅広く適用できることから広く用いられている．通常，コンピュータによる構造計算といえば，マトリクス変位法による構造計算が行われていることを指す．

マトリクス変位法（matrix displacement method）において，構造物に作用する力と変位の関係は，剛性マトリクス（stiffness matrix）を介して以下のように表現される．

$$\left.\begin{array}{l} \{力\} = [剛性] \times \{変位\} \\ \{P\} = [K]\{u\} \end{array}\right\} \tag{5.4}$$

ここに，$\{P\}$：構造物に作用する外力ベクトル（[kN]，[kN·m]）

$[K]$：剛性マトリクス（[kN/m]，[kN·m/rad]）

$\{u\}$：変位ベクトル（[m]，[rad]）

上式の関係は，力学的釣り合いの連立方程式を記号表現しているもので，マトリクスの大きさは，変位の未知量が $n$ 個であれば $(n \times n)$ 個の係数をもつ．また，部材ごとに個材マトリクスをつくり，加え合わせて全体マトリクスを合成し，逆マトリクスを求めて解を得る方法は，コンピュータを利用して膨大な計算量を処理するのに適した方法といえる．

## 5.2 剛性マトリクス

### 5.2.1 軸方向力の剛性マトリクス

最初に，簡単なマトリクスを理解するために，図 5.1 のように軸方向力を受ける部材の力と変形の関係を求めてみる．

応力度とひずみ度の関係は以下のように表せる．

$$\sigma = \frac{P_{xa}}{A}, \qquad \sigma = E\varepsilon, \qquad \varepsilon = \frac{u_a - u_b}{L} \tag{5.5}$$

ここに，$\sigma$：応力度（[N/mm$^2$] または [kN/m$^2$]）

$E$：ヤング係数（[N/mm$^2$] または [kN/m$^2$]）

$\varepsilon$：ひずみ度

この関係を整理すると，

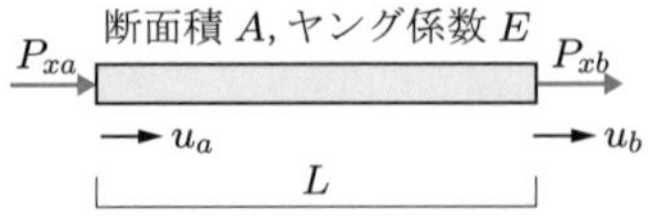

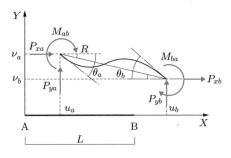

図 5.1　軸方向力と変形

$$P_{xa} = A\sigma = AE\frac{u_a - u_b}{L} = \frac{EA}{L}(u_a - u_b)$$

$$P_{xb} = -P_{xa} = \frac{EA}{L}(-u_a + u_b)$$

となり，マトリクス表現するとつぎの関係が得られ，式(5.4)の形式で力 – 変形関係が表現される．

$$\begin{Bmatrix} P_{xa} \\ P_{xb} \end{Bmatrix} = \frac{EA}{L} \begin{bmatrix} 1 & -1 \\ -1 & 1 \end{bmatrix} \begin{Bmatrix} u_a \\ u_b \end{Bmatrix} \tag{5.6}$$

### ▌5.2.2　曲げ，せん断，軸方向力の剛性マトリクス

　一般的な関係として，AB 部材が図 5.2 のように，軸方向力と曲げモーメントにより変形した状態を考える．なお，初期状態として部材は水平に横たわっているものとする．この状態で部材の力や変位を定義しているので，これを局所座標系とよぶ．

　各変数はつぎのように定義する．

- 変位量　A 点　$u_a$, $v_a$, $\theta_a$（局所座標系）

　　　　　B 点　$u_b$, $v_b$, $\theta_b$（局所座標系）

- 部材角　$R = \dfrac{v_a - v_b}{L}$

図 5.2　曲げモーメントと変位

- 部材性能　ヤング係数 $E\,[\mathrm{kN/m^2}]$
　　　　　　断面二次モーメント $I\,[\mathrm{m^4}]$
　　　　　　断面積 $A\,[\mathrm{m^2}]$
　　　　　　部材長さ $L\,[\mathrm{m}]$

本書では，回転角と部材角は「たわみ角法」に従い，時計まわりを正としている．他書では，この角度を $Z$ 軸（紙面直角方向）まわりの回転角と見なして，反時計まわりを正としている場合もあるので注意する．

(1) 曲げモーメントの関係（たわみ角法の基本式(3.8)より）

① $M_{ab} = \dfrac{2EI}{L}(2\theta_a + \theta_b - 3R) = \dfrac{4EI}{L}\theta_a + \dfrac{2EI}{L}\theta_b - \dfrac{6EI}{L}\cdot\dfrac{v_a - v_b}{L}$

$\quad = -\dfrac{6EI}{L^2}v_a + \dfrac{4EI}{L}\theta_a + \dfrac{6EI}{L^2}v_b + \dfrac{2EI}{L}\theta_b$

② $M_{ba} = \dfrac{2EI}{L}(\theta_a + 2\theta_b - 3R) = -\dfrac{6EI}{L^2}v_a + \dfrac{2EI}{L}\theta_a + \dfrac{6EI}{L^2}v_b + \dfrac{4EI}{L}\theta_b$

(2) せん断力の関係（部材端曲げモーメントとせん断力の関係式(3.13)より）

③ $P_{ya} = Q_{ab} = -\dfrac{M_{ab} + M_{ba}}{L} = \dfrac{12EI}{L^3}v_a - \dfrac{6EI}{L^2}\theta_a - \dfrac{12EI}{L^3}v_b - \dfrac{6EI}{L^2}\theta_b$

④ $P_{yb} = -Q_{ba} = \dfrac{M_{ab} + M_{ba}}{L} = -\dfrac{12EI}{L^3}v_a + \dfrac{6EI}{L^2}\theta_a + \dfrac{12EI}{L^3}v_b + \dfrac{6EI}{L^2}\theta_b$

(3) 軸方向力の関係（式(5.6)より）

⑤ $P_{xa} = \dfrac{EA}{L}u_a - \dfrac{EA}{L}u_b$

⑥ $P_{xb} = -\dfrac{EA}{L}u_a + \dfrac{EA}{L}u_b$

(4) 全体のマトリクス表現

①～⑥の関係を，部材端応力 $(P_{xa},\ P_{ya},\ M_{ab},\ P_{xb},\ P_{yb},\ M_{ba})$ と変位 $(u_a,\ v_a,\ \theta_a,\ u_b,\ v_b,\ \theta_b)$ の関係として，マトリクス表現すると以下のようなる．局所座標系において，6成分の部材端応力と6成分の変位が，剛性マトリクスにより関係付けられている．

$$
\begin{Bmatrix} P_{xa} \\ P_{ya} \\ M_{ab} \\ P_{xb} \\ P_{yb} \\ M_{ba} \end{Bmatrix} =
\begin{bmatrix}
\dfrac{EA}{L} & 0 & 0 & -\dfrac{EA}{L} & 0 & 0 \\[2mm]
0 & \dfrac{12EI}{L^3} & -\dfrac{6EI}{L^2} & 0 & -\dfrac{12EI}{L^3} & -\dfrac{6EI}{L^2} \\[2mm]
0 & -\dfrac{6EI}{L^2} & \dfrac{4EI}{L} & 0 & \dfrac{6EI}{L^2} & \dfrac{2EI}{L} \\[2mm]
-\dfrac{EA}{L} & 0 & 0 & \dfrac{EA}{L} & 0 & 0 \\[2mm]
0 & -\dfrac{12EI}{L^3} & \dfrac{6EI}{L^2} & 0 & \dfrac{12EI}{L^3} & \dfrac{6EI}{L^2} \\[2mm]
0 & -\dfrac{6EI}{L^2} & \dfrac{2EI}{L} & 0 & \dfrac{6EI}{L^2} & \dfrac{4EI}{L}
\end{bmatrix}
\cdot
\begin{Bmatrix} u_a \\ v_a \\ \theta_a \\ u_b \\ v_b \\ \theta_b \end{Bmatrix}
\tag{5.7}
$$

すなわち，次式となる.

$$
\{P^*\} = [K_m{}^*]\{u^*\} \tag{5.8}
$$

ここに，$\{P^*\}$：外力ベクトル（局所座標系）

$[K_m{}^*]$：部材剛性マトリクス（局所座標系）

$\{u^*\}$：変位ベクトル（$u,\ v,\ \theta$，局所座標系）

### ▌5.2.3 局所座標系から全体座標系へ

実際の構造部材は，建築空間においてある角度に配置されている．このため，構造物全体を統一的に表現する座標系が必要である．これを，全体座標として定義する．

全体座標系と局所座標系が角度 $\alpha$ だけ傾いているとすると，図 5.3 と図 5.4 のような関係になる.

水平に置かれた部材において求めた力と変位の関係を全体系に変換するために，局所座標 $(x^*, y^*)$ から全体座標 $(x, y)$ に座標系を変換する.

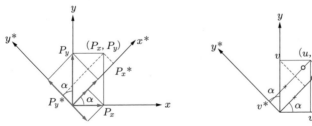

図 5.3　力の座標変換　　　　　図 5.4　変位の座標変換

（力の関係）

$$
\left.
\begin{aligned}
P_x{}^* &= P_x \cos\alpha + P_y \sin\alpha \\
P_y{}^* &= -P_x \sin\alpha + P_y \cos\alpha \\
M^* &= M
\end{aligned}
\right\}
\tag{5.9}
$$

（変位の関係）

$$
\left.
\begin{aligned}
u^* &= u \cos\alpha + v \sin\alpha \\
v^* &= -u \sin\alpha + v \cos\alpha \\
\theta^* &= \theta
\end{aligned}
\right\}
\tag{5.10}
$$

部材両端の力と変位の関係をマトリクス表現すると，つぎの座標変換マトリクス $[T]$ が得られる．

$$
\begin{Bmatrix}
P_{xa}{}^* \\ P_{ya}{}^* \\ M_{ab}{}^* \\ P_{xb}{}^* \\ P_{yb}{}^* \\ M_{ba}{}^*
\end{Bmatrix}
=
\begin{bmatrix}
\cos\alpha & \sin\alpha & 0 & 0 & 0 & 0 \\
-\sin\alpha & \cos\alpha & 0 & 0 & 0 & 0 \\
0 & 0 & 1 & 0 & 0 & 0 \\
0 & 0 & 0 & \cos\alpha & \sin\alpha & 0 \\
0 & 0 & 0 & -\sin\alpha & \cos\alpha & 0 \\
0 & 0 & 0 & 0 & 0 & 1
\end{bmatrix}
\begin{Bmatrix}
P_{xa} \\ P_{ya} \\ M_{ab} \\ P_{xb} \\ P_{yb} \\ M_{ba}
\end{Bmatrix}
\tag{5.11}
$$

すなわち，座標変換マトリクス $[T]$ を用いて，次式のように表現できる．

$$
\{P^*\} = [T]\{P\}
\tag{5.12}
$$

同様に，変形についても局所系と全体系が座標変換マトリクス $[T]$ により，つぎのように関係付けられる．

$$
\{u^*\} = [T]\{u\}
\tag{5.13}
$$

このように，局所系の力と変位が全体系に関係付けられたので，局所座標系での力と変位の関係を全体座標系へ変換する．

$$
\{P^*\} = [K_m{}^*]\{u^*\}
$$

を全体系で表現すると，

$$
[T]\{P\} = [K_m{}^*][T]\{u\}
$$

となり，左から $[T]^{-1}$ を掛けて，$[T]^{-1}[T] = [1]$（単位マトリクス）の関係から，

$$
[T]^{-1}[T]\{P\} = [T]^{-1}[K_m{}^*][T]\{u\}
$$

$$\{P\} = [T]^{-1}[K_m{}^*][T]\{u\} = [K_m]\{u\}$$

となる．これにより，局所座標系の剛性マトリクス $[K_m{}^*]$ に変換マトリクス $[T]^{-1}$ と $[T]$ を前後から掛けて，1 本の部材の全体座標系の剛性マトリクス $[K_m](6 \times 6)$ が得られることがわかる．

$$[K_m] = [T]^{-1}[K_m{}^*][T] \tag{5.14}$$

$$\{P\} = [K_m]\{u\} \tag{5.15}$$

### ▌5.2.4　全体剛性マトリクスの作成

5.2.3 項において，一つの部材の剛性マトリクスが得られたので，つぎに，構造物全体のマトリクスを作成する．全体座標系の剛性マトリクス $[K]$ の中へ，個々の部材剛性マトリクス $[K_m]$ を貼り付け，その和をとっていく．図 5.5 はそのイメージを示したものであり，図 5.6 は各係数がどこに貼り付けられるかを示したものである．

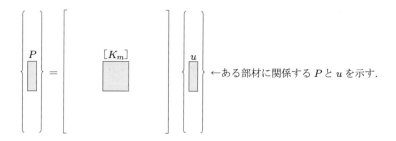

図 5.5　個材マトリクスの全体マトリクスへの貼り付け

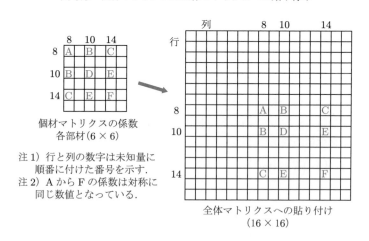

図 5.6　全体マトリクスへの貼り付け詳細

## 5.3 マトリクス法による計算

### 5.3.1 計算手順

コンピュータを利用したマトリクス法による応力解析のデータ入力（INPUT）と出力（OUTPUT）および計算手順は，つぎのとおりである．

① データ入力
- 使用材料（ヤング係数，せん断弾性係数）
- 節点の定義（節点番号，節点座標，固定条件）
- 部材情報（節点番号，断面性能，部材両端の接続条件）
- 荷重条件
- 出力の指定

② 入力データの出力
- 使用材料
- 節点情報（節点番号/節点座標/固定条件）
- 部材情報
- 荷重条件

③ 個材マトリクスの作成 $[K_m{}^*]$（局所系）

④ 変換マトリクスの作成 $[T]$

⑤ 個材の全体系剛性 $[T]^{-1}[K_m{}^*][T]$ を全体マトリクス $[K]$ へ入れ込む

⑥ 全体剛性マトリクスの作成

（③～⑤の繰り返しで完成）

（部材数 $m$ 回繰り返す）

⑦ 外力ベクトル（荷重）の作成 $\{P\}$

⑧ マトリクス解法（全体系の変位が求められる）

剛性マトリクス $[K]$ の逆行列 $[K]^{-1}$ を求めることは，連立方程式を解くことに相当するが，コンピュータにやらせれば簡単に $[K]^{-1}$ を計算できる．

$$\{P\} = [K]\{u\} \quad \to \quad 変位計算 \quad \{u\} = [K]^{-1}\{P\}$$

⑨ 部材応力の計算（変位を局所系に変換して，部材応力を求める）

$$\{u\} \to \{u^*\} = [T]\{u\} \quad \to \quad 部材応力 \quad \{P^*\} = [K_m{}^*]\{u^*\}$$

⑩ 変形量と部材応力の出力

## ■5.3.2 骨組み解析の例

前項で説明した手順に従い，コンピュータで行った骨組み解析の計算例を示す．図 5.7 の 5 層の鉄筋コンクリート構造のラーメンを解析対象とする．柱と梁は図中に示した一様な断面であり，荷重は水平荷重である．

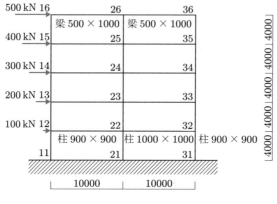

図 5.7　5 層ラーメン

入力方法，計算方法，出力形式は，使用するプログラムにより異なるが，計算内容自体は変わらない．ここでは，入力データとして，通常，コンピュータへ読み込ませるために事前に用意するテキストファイルを示し，解析作業の流れを説明する．出力データについても，コンピュータ内部で行われている計算内容を理解するために，具体的な計算過程の一例を示す．

プログラムによる解析計算はブラックボックスになりがちであるが，Excel などの一般的な表計算ソフトでも計算できるので自ら手を動かして確認してみてほしい．

（1）入力データ

標準的なテキスト形式の入力データを図 5.8 に示す．これをもとに，入力データの構成を具体的に紹介する．この計算例は，単純な整形ラーメンを対象としており，実際の複雑な構造物を対象とする際には，膨大な情報を正確に入力する必要があるが，この種の入力情報を活用してデータを作成すればよい．

① 1～2 行目（ファイル名，材料情報）

```
1)  TEST  DATA  5-STORY  2-SPAN                          （表題）
2)  A     21000000.                              （使用材料の材質）
```

まず，ほかの解析結果と混同しないための解析用のジョブ名称を示す．続けて，使用する構造材料の係数の値をまとめる．この例では，鉄筋コンクリート構造であるので，コンクリートのヤング係数 $2.1 \times 10^7 \, \text{kN/m}^2$ が入力されている．

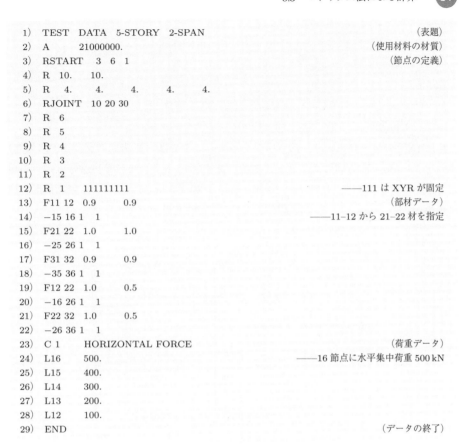

```
 1)  TEST  DATA  5-STORY  2-SPAN                              (表題)
 2)  A      21000000.                                 (使用材料の材質)
 3)  RSTART  3  6  1                                     (節点の定義)
 4)  R 10.    10.
 5)  R  4.     4.     4.     4.     4.
 6)  RJOINT   10 20 30
 7)  R 6
 8)  R 5
 9)  R 4
10)  R 3
11)  R 2
12)  R 1    111111111                        ——111 は XYR が固定
13)  F11 12  0.9       0.9                            (部材データ)
14)  −15 16 1  1                          ——11–12 から 21–22 材を指定
15)  F21 22  1.0       1.0
16)  −25 26 1  1
17)  F31 32  0.9       0.9
18)  −35 36 1  1
19)  F12 22  1.0       0.5
20)  −16 26 1  1
21)  F22 32  1.0       0.5
22)  −26 36 1  1
23)  C 1     HORIZONTAL FORCE                        (荷重データ)
24)  L16     500.                     ——16 節点に水平集中荷重 500 kN
25)  L15     400.
26)  L14     300.
27)  L13     200.
28)  L12     100.
29)  END                                         (データの終了)
```

図 5.8　入力データ

　なお，この計算例では使用単位として kN と m を用いているが，剛性マトリクスの係数を計算するときの計算精度上から，あえて m 単位を使用している．

② 3〜5 行目（節点）

```
 3)  RSTART  3  6  1                                     (節点の定義)
 4)  R 10.    10.
 5)  R  4.     4.     4.     4.     4.
```

　RSTART のデータにより，$X$ 方向のグリッド（通り）数が 3 で，$Y$ 方向のグリッド（階）数が 6 であると，節点位置を示す．また，R のデータにより，$X$ 方向スパン 10.0 m が 3 − 1 ＝ 2 個あり，$Y$ 方向階高 4.0 m が 6 − 1 ＝ 5 個あることを入力している．整形ラーメンの場合には，50 階建であっても，このように簡単に定義できる．

③ 6〜12 行目（節点番号）

```
6)   RJOINT   10 20 30
7)   R  6
8)   R  5
9)   R  4
10)  R  3
11)  R  2
12)  R  1      111111111                              ——111 は XYR が固定
```

RJOINT のデータにより，節点座標を示す．ここでは，$X$ 方向のグリッド（通り）番号を 10〜30，$Y$ 方向のグリッド（階数）番号を 1〜6 として，節点番号は両者の和としている．すなわち，5 階床の 20 通り節点は 20＋5 = 25 となる．1 階床位置で柱は柱脚固定となるので，その位置では $XY\theta$ 方向の変形が 0 であると，"1" を入力することで示している（図 5.9）.

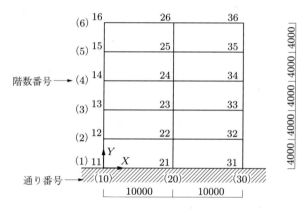

図 5.9　節点座標と節点番号の入力

④　13〜14 行目（部材情報）

```
13)  F11 12  0.9       0.9                                    （部材データ）
14)  −15 16 1   1                                ——11–12 から 15–16 材を指定
```

柱と梁部材を入力するにも工夫が必要である．この例では，11 節点と 12 節点に柱があり，上階にも連続して 5 本の柱がある．ここでは，これを 2 種類のデータで入力している．すなわち，最初のデータで 11–12 の部材は（$0.9 \times 0.9\,\mathrm{m}$）の RC 部材（材料番号 0：番号なし）と宣言している．

14 行目では，その部材の節点番号を両端部の節点について一つずつ増やしていって，15–16 部材になるまで 5 本分同じ部材であると入力している．

以下，柱と梁をそれぞれ入力していく．

⑤ 23～28行目（荷重）

| 23) | C 1 | HORIZONTAL FORCE | （荷重データ） |
|-----|-----|------------------|---------------|
| 24) | L16 | 500. | ——16節点に水平集中荷重 500 kN |
| 25) | L15 | 400. | |
| 26) | L14 | 300. | |
| 27) | L13 | 200. | |
| 28) | L12 | 100. | |

　ここでは，荷重条件番号をC1として「HORIZONTAL FORCE」の荷重名称を与えている．荷重には，節点荷重，部材荷重，温度荷重などがあるが，この例では節点荷重である．16節点から12節点にそれぞれ水平荷重を作用させることを示している．

⑥ 29行目（最終データ）

| 29) | END | （データの終了） |
|-----|-----|------------------|

　この最終データにより，入力が終了し計算を開始せよとの指令が与えられる．このように，1）から29）の合計29個のデータを入力すれば，本例のような5層2スパンのラーメンの計算が行えるわけである．

(2) 出力データ

　以下に，コンピュータより出力された内容に解説を加えたものを示す．マトリクス計算の詳細内容などは，一部省略している．

（注記：E+02 は ×10² を示す）

TEST　DATA　5-STORY　2-SPAN　　　　　　　　　　　　　　（表題）

① 材料データ

| （材種 ・0番） | ヤング係数 (kN/m²) | せん断弾性係数 (kN/m²) | せん断剛性低下率 $\beta$ | 曲げ剛性増大率 $\phi$ |
|---|---|---|---|---|
| 0 | .2100000E+08 | .0000000E+00 | 1.000 | 1.000 | 1.000 |

注）(E+08)=($\times 10^8$)

② 節点データ

| 節点番号 NO. | 固定条件 X | Y | $\theta$ | 節点座標 X (m) | Y (m) | |
|---|---|---|---|---|---|---|
| 1) | 16 | 0 | 0 | 0 | 0.000 | 20.000 | ——節点番号・固定条件と座標 |
| 2) | 26 | 0 | 0 | 0 | 10.000 | 20.000 | X Y $\theta = 0$：変形考慮，=1：固定 |
| 3) | 36 | 0 | 0 | 0 | 20.000 | 20.000 | |
| 4) | 15 | 0 | 0 | 0 | 0.000 | 16.000 | |

| | | | | | | |
|---|---|---|---|---|---|---|
| 5) | 25 | 0 | 0 | 0 | 10.000 | 16.000 |
| 6) | 35 | 0 | 0 | 0 | 20.000 | 16.000 |
| 7) | 14 | 0 | 0 | 0 | 0.000 | 12.000 |
| 8) | 24 | 0 | 0 | 0 | 10.000 | 12.000 |
| 9) | 34 | 0 | 0 | 0 | 20.000 | 12.000 |
| 10) | 13 | 0 | 0 | 0 | 0.000 | 8.000 |
| 11) | 23 | 0 | 0 | 0 | 10.000 | 8.000 |
| 12) | 33 | 0 | 0 | 0 | 20.000 | 8.000 |
| 13) | 12 | 0 | 0 | 0 | 0.000 | 4.000 |
| 14) | 22 | 0 | 0 | 0 | 10.000 | 4.000 |
| 15) | 32 | 0 | 0 | 0 | 20.000 | 4.000 |
| 16) | 11 | 1 | 1 | 1 | 0.000 | 0.000 |
| 17) | 21 | 1 | 1 | 1 | 10.000 | 0.000 |
| 18) | 31 | 1 | 1 | 1 | 20.000 | 0.000 |

③　部材データ

(注記：E−01=$10^{-1}$ =0.1 倍，E+00=$10^0$ =1.0 倍，E+01=$10^1$ =10 倍を示す)

| | I-J 部材 | | 材端条件 | | 材料 | 部材長さ | 断面積 | 断面二次モーメント | |
|---|---|---|---|---|---|---|---|---|---|
| | (I) | (J) | (I) | (J) | NO. | L (m) | A ($m^2$) | I ($m^4$) | |
| 1) | 11 | 12 | 0 | 0 | 0 | 4.000 | .810000E+00 | .546750E−01 | (柱) |
| 2) | 12 | 13 | 0 | 0 | 0 | 4.000 | .810000E+00 | .546750E−01 | |
| 3) | 13 | 14 | 0 | 0 | 0 | 4.000 | .810000E+00 | .546750E−01 | |
| 4) | 14 | 15 | 0 | 0 | 0 | 4.000 | .810000E+00 | .546750E−01 | |
| 5) | 15 | 16 | 0 | 0 | 0 | 4.000 | .810000E+00 | .546750E−01 | |
| 6) | 21 | 22 | 0 | 0 | 0 | 4.000 | .100000E+01 | .833333E−01 | (柱) |
| 7) | 22 | 23 | 0 | 0 | 0 | 4.000 | .100000E+01 | .833333E−01 | |
| 8) | 23 | 24 | 0 | 0 | 0 | 4.000 | .100000E+01 | .833333E−01 | |
| 9) | 24 | 25 | 0 | 0 | 0 | 4.000 | .100000E+01 | .833333E−01 | |
| 10) | 25 | 26 | 0 | 0 | 0 | 4.000 | .100000E+01 | .833333E−01 | |
| 11) | 31 | 32 | 0 | 0 | 0 | 4.000 | .810000E+00 | .546750E−01 | (柱) |
| 12) | 32 | 33 | 0 | 0 | 0 | 4.000 | .810000E+00 | .546750E−01 | |
| 13) | 33 | 34 | 0 | 0 | 0 | 4.000 | .810000E+00 | .546750E−01 | |
| 14) | 34 | 35 | 0 | 0 | 0 | 4.000 | .810000E+00 | .546750E−01 | |
| 15) | 35 | 36 | 0 | 0 | 0 | 4.000 | .810000E+00 | .546750E−01 | |
| 16) | 12 | 22 | 0 | 0 | 0 | 10.000 | .500000E+00 | .416667E−01 | (梁) |
| 17) | 13 | 23 | 0 | 0 | 0 | 10.000 | .500000E+00 | .416667E−01 | |
| 18) | 14 | 24 | 0 | 0 | 0 | 10.000 | .500000E+00 | .416667E−01 | |
| 19) | 15 | 25 | 0 | 0 | 0 | 10.000 | .500000E+00 | .416667E−01 | |
| 20) | 16 | 26 | 0 | 0 | 0 | 10.000 | .500000E+00 | .416667E−01 | |
| 21) | 22 | 32 | 0 | 0 | 0 | 10.000 | .500000E+00 | .416667E−01 | (梁) |
| 22) | 23 | 33 | 0 | 0 | 0 | 10.000 | .500000E+00 | .416667E−01 | |
| 23) | 24 | 34 | 0 | 0 | 0 | 10.000 | .500000E+00 | .416667E−01 | |
| 24) | 25 | 35 | 0 | 0 | 0 | 10.000 | .500000E+00 | .416667E−01 | |
| 25) | 26 | 36 | 0 | 0 | 0 | 10.000 | .500000E+00 | .416667E−01 | |

④ 荷重条件

荷重条件番号                           荷重条件名称

| 1) 1 | | | | HORIZONTAL FORCE |
|---|---|---|---|---|
| 節点番号 | X 方向力 | Y 方向力 | モーメント | |
| 16 | 500.00 | .000 | .000 | ——水平力 500～100 kN |
| 15 | 400.00 | .000 | .000 | |
| 14 | 300.00 | .000 | .000 | |
| 13 | 200.00 | .000 | .000 | |
| 12 | 100.00 | .000 | .000 | |

⑤ 変形等値データ

| 節点番号 | (X Y $\theta$) | 節点番号 | 節点番号 | (変形等値節点) |
|---|---|---|---|---|
| 16 | 1 0 0 | =26 | =36 | ——X 方向の 16, 26, 36 節 |
| 15 | 1 0 0 | =25 | =35 | 点の変位は同じとする |
| 14 | 1 0 0 | =24 | =34 | |
| 13 | 1 0 0 | =23 | =33 | |
| 12 | 1 0 0 | =22 | =32 | |

　床面には，水平方向の剛性が高い床スラブがあるので，梁は伸縮しないものとし，$X$ 方向の変位は同一床位置では同じであると指定している．これを，剛床仮定という．

⑥ 部材剛性マトリクス

(a) 柱 11–12 材　断面 $900 \times 900$

$$断面積\ A = 0.81\,\mathrm{m}^2, \qquad 断面\,2\,次モーメント\ I = 0.0547\,\mathrm{m}^4$$

$$長さ\ L = 4.0\,\mathrm{m}, \qquad \cos\alpha = 0.0, \qquad \sin\alpha = 1.0$$

$$ヤング係数\ E = 0.21 \times 10^8\,\mathrm{kN/m}^2$$

$$\frac{EA}{L} = \frac{0.21 \cdot 10^8 \cdot 0.81}{4.0} = 0.425 \times 10^7$$

$$\frac{12EI}{L^3} = \frac{12 \cdot 0.21 \cdot 10^8 \cdot 0.0547}{4.0^3} = 0.215 \times 10^6$$

$$\frac{6EI}{L^2} = \frac{6 \cdot 0.21 \cdot 10^8 \cdot 0.0547}{4.0^2} = 0.431 \times 10^6$$

$$\frac{4EI}{L} = \frac{4 \cdot 0.21 \cdot 10^8 \cdot 0.0547}{4.0} = 0.115 \times 10^7$$

$$\frac{2EI}{L} = \frac{2 \cdot 0.21 \cdot 10^8 \cdot 0.0547}{4.0} = 0.574 \times 10^6$$

● (a.1) 変換マトリクス $[T]$

$(11u \cdot 11v \cdot 11\theta \cdot 12u \cdot 12v \cdot 12\theta / 11\mathrm{DX} \cdot 11\mathrm{DY} \cdot 11\theta \cdot 12\mathrm{DX} \cdot 12\mathrm{DY} \cdot 12\theta)$

| .000000E+00 | .100000E+01 | .000000E+00 | .000000E+00 | .000000E+00 | .000000E+00 |
|---|---|---|---|---|---|
| −.100000E+01 | .000000E+00 | .000000E+00 | .000000E+00 | .000000E+00 | .000000E+00 |
| .000000E+00 | .000000E+00 | .100000E+01 | .000000E+00 | .000000E+00 | .000000E+00 |
| .000000E+00 | .000000E+00 | .000000E+00 | .000000E+00 | .100000E+01 | .000000E+00 |
| .000000E+00 | .000000E+00 | .000000E+00 | −.100000E+01 | .000000E+00 | .000000E+00 |
| .000000E+00 | .000000E+00 | .000000E+00 | .000000E+00 | .000000E+00 | .100000E+01 |

　この出力は，つぎのような $6 \times 6$ の変換マトリクスを表している．通常は，出力しない内容なので，このようにやや見にくい形式となっている．

$$\begin{bmatrix} 0 & 1.0 & 0 & 0 & 0 & 0 \\ -1.0 & 0 & 0 & 0 & 0 & 0 \\ 0 & 0 & 1.0 & 0 & 0 & 0 \\ \hline 0 & 0 & 0 & 0 & 1.0 & 0 \\ 0 & 0 & 0 & -1.0 & 0 & 0 \\ 0 & 0 & 0 & 0 & 0 & 1.0 \end{bmatrix}$$

● (a.2) 部材剛性マトリクス $[K_m{}^*]$（局所座標系）

$(11\mathrm{FX} \cdot 11\mathrm{FY} \cdot 11\mathrm{FM} \cdot 12\mathrm{FX} \cdot 12\mathrm{FY} \cdot 12\mathrm{FM}/11u \cdot 11v \cdot 11\theta \cdot 12u \cdot 12v \cdot 12\theta)$

| .425250E+07 | .000000E+00 | .000000E+00 | −.425250E+07 | .000000E+00 | .000000E+00 |
|---|---|---|---|---|---|
| .000000E+00 | .215283E+06 | −.430566E+06 | .000000E+00 | −.215283E+06 | −.430566E+06 |
| .000000E+00 | −.430566E+06 | .114817E+07 | .000000E+00 | .430566E+06 | .574087E+06 |
| −.425250E+07 | .000000E+00 | .000000E+00 | .425250E+07 | .000000E+00 | .000000E+00 |
| .000000E+00 | −.215283E+06 | .430566E+06 | .000000E+00 | .215283E+06 | .430566E+06 |
| .000000E+00 | −.430566E+06 | .574087E+06 | .000000E+00 | .430566E+06 | .114817E+07 |

　上記出力を，マトリクス形式に表現するとつぎのようになる．

$$\begin{bmatrix} 4.25250 & 0.0 & 0.0 & -4.25250 & 0.0 & 0.0 \\ 0.0 & 0.215283 & -0.430566 & 0.0 & -0.215283 & -0.430566 \\ 0.0 & -0.430566 & 1.14817 & 0.0 & 0.430566 & 0.574087 \\ \hline -4.25250 & 0.0 & 0.0 & 4.25250 & 0.0 & 0.0 \\ 0.0 & -0.215283 & 0.430566 & 0.0 & 0.215283 & 0.430566 \\ 0.0 & -0.430566 & 0.574087 & 0.0 & 0.430566 & 1.14817 \end{bmatrix} \times 10^6$$

● (a.3) 部材剛性マトリクス $[K_m] = [T]^{-1}[K_m{}^*][T]$（全体座標系）

$(11\mathrm{X} \cdot 11\mathrm{Y} \cdot 11\mathrm{M} \cdot 12\mathrm{X} \cdot 12\mathrm{Y} \cdot 12\mathrm{M}/11\mathrm{DX} \cdot 11\mathrm{DY} \cdot 11\theta \cdot 12\mathrm{DX} \cdot 12\mathrm{DY} \cdot 12\theta)$

| .215283E+06 | .000000E+00 | .430566E+06 | −.215283E+06 | .000000E+00 | .430566E+06 |
| .000000E+00 | .425250E+07 | .000000E+00 | .000000E+00 | −.425250E+07 | .000000E+00 |
| .430566E+06 | .000000E+00 | .114817E+07 | −.430566E+06 | .000000E+00 | .574087E+06 |
| −.215283E+06 | .000000E+00 | −.430566E+06 | .215283E+06 | .000000E+00 | −.430566E+06 |
| .000000E+00 | −.425250E+07 | .000000E+00 | .000000E+00 | .425250E+07 | .000000E+00 |
| .430566E+06 | .000000E+00 | .574087E+06 | −.430566E+06 | .000000E+00 | .114817E+07 |

上記出力を，マトリクス形式に表現するとつぎのようになる.

$$\begin{bmatrix} 0.215283 & 0.0 & 0.430566 & -0.215283 & 0.0 & 0.430566 \\ 0.0 & 4.25250 & 0.0 & 0.0 & -4.25250 & 0.0 \\ 0.430566 & 0.0 & 1.14817 & -0.430566 & 0.0 & 0.574087 \\ -0.215283 & 0.0 & -0.430566 & 0.215283 & 0.0 & -0.430566 \\ 0.0 & -4.25250 & 0.0 & 0.0 & 4.25250 & 0.0 \\ 0.430566 & 0.0 & 0.574087 & -0.430566 & 0.0 & 1.14817 \end{bmatrix} \times 10^6$$

(b) 梁 12–22 材　断面　500 × 1000

断面積 $A = 0.50\,\mathrm{m}^2$,　断面二次モーメント $I = 0.0417\,\mathrm{m}^4$

長さ $L = 10.0\,\mathrm{m}$　$\cos\alpha = 1.0$　$\sin\alpha = 0.0$

ヤング係数 $E = 0.21 \times 10^8\,\mathrm{kN/m}^2$

$$\frac{EA}{L} = \frac{0.21 \cdot 10^8 \cdot 0.50}{10.0} = 0.105 \times 10^7$$

$$\frac{12EI}{L^3} = \frac{12 \cdot 0.21 \cdot 10^8 \cdot 0.0417}{10.0^3} = 0.105 \times 10^5$$

$$\frac{6EI}{L^2} = \frac{6 \cdot 0.21 \cdot 10^8 \cdot 0.0417}{10.0^2} = 0.525 \times 10^5$$

$$\frac{4EI}{L} = \frac{4 \cdot 0.21 \cdot 10^8 \cdot 0.0417}{10.0} = 0.350 \times 10^6$$

$$\frac{2EI}{L} = \frac{2 \cdot 0.21 \cdot 10^8 \cdot 0.0417}{10.0} = 0.175 \times 10^6$$

● (b.1) 変換マトリクス $[T]$

$(12u \cdot 12v \cdot 12\theta \cdot 22u \cdot 22v \cdot 22\theta/12\mathrm{DX} \cdot 12\mathrm{DY} \cdot 12\theta \cdot 22\mathrm{DX} \cdot 22\mathrm{DY} \cdot 22\theta)$

| .100000E+01 | .000000E+00 | .000000E+00 | .000000E+00 | .000000E+00 | .000000E+00 |
| .000000E+00 | .100000E+01 | .000000E+00 | .000000E+00 | .000000E+00 | .000000E+00 |
| .000000E+00 | .000000E+00 | .100000E+01 | .000000E+00 | .000000E+00 | .000000E+00 |
| .000000E+00 | .000000E+00 | .000000E+00 | .100000E+01 | .000000E+00 | .000000E+00 |
| .000000E+00 | .000000E+00 | .000000E+00 | .000000E+00 | .100000E+01 | .000000E+00 |
| .000000E+00 | .000000E+00 | .000000E+00 | .000000E+00 | .000000E+00 | .100000E+01 |

● (b.2) 部材剛性マトリクス $[K_m{}^*]$ （局所座標系）

$(12FX \cdot 12FY \cdot 12FM \cdot 22FX \cdot 22FY \cdot 22FM/12u \cdot 12v \cdot 12\theta \cdot 22u \cdot 22v \cdot 22\theta)$

| .105000E+07 | .000000E+00 | .000000E+00 | −.105000E+07 | .000000E+00 | .000000E+00 |
|---|---|---|---|---|---|
| .000000E+00 | .105000E+05 | −.525000E+05 | .000000E+00 | −.105000E+05 | −.525000E+05 |
| .000000E+00 | −.525000E+05 | .350000E+06 | .000000E+00 | .525000E+05 | .175000E+06 |
| −.105000E+07 | .000000E+00 | .000000E+00 | .105000E+07 | .000000E+00 | .000000E+00 |
| .000000E+00 | −.105000E+05 | .525000E+05 | .000000E+00 | .105000E+05 | .525000E+05 |
| .000000E+00 | −.525000E+05 | .175000E+06 | .000000E+00 | .525000E+05 | .350000E+06 |

● (b.3) 部材剛性マトリクス $[K_m] = [T]^{-1}[K_m{}^*][T]$ （全体座標系）

$(12X \cdot 12Y \cdot 12M \cdot 22X \cdot 22Y \cdot 22M/12DX \cdot 12DY \cdot 12\theta \cdot 22DX \cdot 22DY \cdot 22\theta)$

| .105000E+07 | .000000E+00 | .000000E+00 | −.105000E+07 | .000000E+00 | .000000E+00 |
|---|---|---|---|---|---|
| .000000E+00 | .105000E+05 | −.525000E+05 | .000000E+00 | −.105000E+05 | −.525000E+05 |
| .000000E+00 | −.525000E+05 | .350000E+06 | .000000E+00 | .525000E+05 | .175000E+06 |
| −.105000E+07 | .000000E+00 | .000000E+00 | .105000E+07 | .000000E+00 | .000000E+00 |
| .000000E+00 | −.105000E+05 | .525000E+05 | .000000E+00 | .105000E+05 | .525000E+05 |
| .000000E+00 | −.525000E+05 | .175000E+06 | .000000E+00 | .525000E+05 | .350000E+06 |

全部材について同様に計算が行われる.

⑦　変位ベクトル（未知量）

節点変位と未知量番号の対応（マトリクスの大きさ $= 35$）をつぎに示す．$X$ 方向変位 DX，$Y$ 方向変位 DY，回転角 $\theta$ に対応して未知量の番号が振られている．これを，未知量のアドレスという.

| | 節点番号<br>JOINT NO. | X方向変位<br>DX | Y方向変位<br>DY | 回転角<br>$\theta$ | |
|---|---|---|---|---|---|
| 1) | 16 | 1 | 2 | 3 | ——16，26，36 の DX は同一未知量 |
| 2) | 26 | 1 | 4 | 5 | （変位等値のため） |
| 3) | 36 | 1 | 6 | 7 | |
| 4) | 15 | 8 | 9 | 10 | |
| 5) | 25 | 8 | 11 | 12 | |
| 6) | 35 | 8 | 13 | 14 | |
| 7) | 14 | 15 | 16 | 17 | |
| 8) | 24 | 15 | 18 | 19 | |
| 9) | 34 | 15 | 20 | 21 | |
| 10) | 13 | 22 | 23 | 24 | |
| 11) | 23 | 22 | 25 | 26 | |
| 12) | 33 | 22 | 27 | 28 | |
| 13) | 12 | 29 | 30 | 31 | |
| 14) | 22 | 29 | 32 | 33 | |

```
15)  32    29    34    35
16)  11  9999  9999  9999        —— 9999 は変形を考慮しない固定条
17)  21  9999  9999  9999          件を示す.
18)  31  9999  9999  9999
```

⑧ 架構の全体剛性マトリクス

架構の全体剛性マトリクス $[K]$ は，（6）項の個材マトリクスの各係数を，部材両端の節点変位の未知量番号に応じて，全体マトリクスに貼り付けて加算することにより作成される.

剛性マトリクス（0 以外の係数 $k_{ij}$ を対称の右上半分について示す）

| 行 | 列・係数の値 | 列・係数の値 | 列・係数の値 | 列・係数の値 | 列・係数の値 |
|---|---|---|---|---|---|
| 1 | 1 .7586906E+06 | 3 −.4305655E+06 | 5 −.6562500E+06 | 7 −.4305655E+06 | 8 −.7586905E+06 |
|  | 10 −.4305655E+06 | 12 −.6562500E+06 | 14 −.4305655E+06 | | |
| 2 | 2 .4263000E+07 | 3 −.5250000E+05 | 4 −.1050000E+05 | 5 −.5250000E+05 | 9 −.4252500E+07 |
| 3 | 3 .1498175E+07 | 4 .5250000E+05 | 5 .1750000E+06 | 8 .4305655E+06 | 10 .5740874E+06 |
| 4 | 4 .5271000E+07 | 6 −.1050000E+05 | 7 −.5250000E+05 | 11 −.5250000E+07 | |
| 5 | 5 .2450000E+07 | 6 .5250000E+05 | 7 .1750000E+06 | 8 .6562500E+06 | 12 .8750000E+06 |
| 6 | 6 .4263000E+07 | 7 .5250000E+05 | 13 −.4252500E+07 | | |
| 7 | 7 .1498175E+07 | 8 .4305655E+06 | 14 .5740874E+06 | | |
| 8 | 8 .1517381E+07 | 15 −.7586905E+06 | 17 −.4305655E+06 | 19 −.6562500E+06 | 21 −.4305655E+06 |
| 9 | 9 .8515499E+07 | 10 −.5250000E+05 | 11 −.1050000E+05 | 12 −.5250000E+05 | 16 −.4252500E+07 |
| 10 | 10 .2646350E+07 | 11 .5250000E+05 | 12 .1750000E+06 | 15 .4305655E+06 | 17 .5740874E+06 |
| 11 | 11 .1052100E+08 | 13 −.1050000E+05 | 14 −.5250000E+05 | 18 −.5250000E+07 | |
| 12 | 12 .4200000E+07 | 13 .5250000E+05 | 14 .1750000E+06 | 15 .6562500E+06 | 19 .8750000E+06 |
| 13 | 13 .8515499E+07 | 14 .5250000E+05 | 20 −.4252500E+07 | | |
| 14 | 14 .2646350E+07 | 15 .4305655E+06 | 21 .5740874E+06 | | |
| 15 | 15 .1517381E+07 | 22 −.7586905E+06 | 24 −.4305655E+06 | 26 −.6562500E+06 | 28 −.4305655E+06 |
| 16 | 16 .8515499E+07 | 17 −.5250000E+05 | 18 −.1050000E+05 | 19 −.5250000E+05 | 23 −.4252500E+07 |
| 17 | 17 .2646350E+07 | 18 .5250000E+05 | 19 .1750000E+06 | 22 .4305655E+06 | 24 .5740874E+06 |
| 18 | 18 .1052100E+08 | 20 −.1050000E+05 | 21 −.5250000E+05 | 25 −.5250000E+07 | |
| 19 | 19 .4200000E+07 | 20 .5250000E+05 | 21 .1750000E+06 | 22 .6562500E+06 | 26 .8750000E+06 |
| 20 | 20 .8515499E+07 | 21 .5250000E+05 | 27 −.4252500E+07 | | |
| 21 | 21 .2646350E+07 | 22 .4305655E+06 | 28 .5740874E+06 | | |
| 22 | 22 .1517381E+07 | 29 −.7586905E+06 | 31 −.4305655E+06 | 33 −.6562500E+06 | 35 −.4305655E+06 |
| 23 | 23 .8515499E+07 | 24 −.5250000E+05 | 25 −.1050000E+05 | 26 −.5250000E+05 | 30 −.4252500E+07 |
| 24 | 24 .2646350E+07 | 25 .5250000E+05 | 26 .1750000E+06 | 29 .4305655E+06 | 31 .5740874E+06 |
| 25 | 25 .1052100E+08 | 27 −.1050000E+05 | 28 −.5250000E+05 | 32 −.5250000E+07 | |
| 26 | 26 .4200000E+07 | 27 .5250000E+05 | 28 .1750000E+06 | 29 .6562500E+06 | 33 .8750000E+06 |
| 27 | 27 .8515499E+07 | 28 .5250000E+05 | 34 −.4252500E+07 | | |
| 28 | 28 .2646350E+07 | 29 .4305655E+06 | 35 .5740874E+06 | | |

| | 1(16X) | 2(16Y) | 3(16θ) | 4(26Y) | 5(26θ) | 6(36Y) | 7(36θ) | 8(15X) | 9(15Y) | 10(15θ) | 11(25Y) | 12(25θ) | 13(35Y) | 14(35θ) | 15(14X) | 16(14Y) | 17(14θ) |
|---|---|---|---|---|---|---|---|---|---|---|---|---|---|---|---|---|---|
| 1(16X) | 758691 | | -430566 | | -656250 | | -430566 | -758691 | | -430566 | | -656250 | | -430566 | | | |
| 2(16Y) | | 4263000 | -52500 | -10500 | -52500 | | | | -4252500 | | | | | | | | |
| 3(16θ) | -430566 | -52500 | 1498175 | 52500 | 175000 | | | 430566 | | 574087 | | | | | | | |
| 4(26Y) | | -10500 | 52500 | 5271000 | | -10500 | -52500 | | | | -5250000 | | | | | | |
| 5(26θ) | -656250 | -52500 | 175000 | | 2450000 | 52500 | 175000 | 656250 | | | | 875000 | | | | | |
| 6(36Y) | | | | -10500 | 52500 | 4263000 | 52500 | | | | | | -4252500 | | | | |
| 7(36θ) | -430566 | | | -52500 | 175000 | | 1498175 | 430566 | | | | | | 574087 | | | |
| 8(15X) | -758691 | | 430566 | | 656250 | | 430566 | 1517381 | | | | | | | -758691 | | -430566 |
| 9(15Y) | | -4252500 | | | | | | | 8515499 | -52500 | -10500 | -52500 | | | | -4252500 | |
| 10(15θ) | -430566 | | 574087 | | | | | | -52500 | 2646350 | 52500 | 175000 | | | 430566 | | 574087 |
| 11(25Y) | | | -5250000 | | | | | | -10500 | 52500 | 10521000 | | -10500 | -52500 | | | |
| 12(25θ) | -656250 | | | | 875000 | | | | -52500 | 175000 | | 4200000 | 52500 | 175000 | 656250 | | |
| 13(35Y) | | | | | | -4252500 | | | | | -10500 | 52500 | 8515499 | 52500 | | | |
| 14(35θ) | -430566 | | | | | | 574087 | | | | -52500 | 175000 | 52500 | 2646350 | 430566 | | |
| 15(14X) | | | | | | | | -758691 | | 430566 | | 656250 | | 430566 | 1517381 | | |
| 16(14Y) | | | | | | | | | -4252500 | | | | | | | 8515499 | -52500 |
| 17(14θ) | | | | | | | | -430566 | | 574087 | | | | | | -52500 | 2646350 |
| 18(24Y) | | | | | | | | | | -5250000 | | | | | | -10500 | 52500 |
| 19(24θ) | | | | | | | | -656250 | | | | 875000 | | | | -52500 | 175000 |
| 20(34Y) | | | | | | | | | | | | | -4252500 | | | | |
| 21(34θ) | | | | | | | | -430566 | | | | | | 574087 | | | |
| 22(13X) | | | | | | | | | | | | | | | -758691 | | 430566 |
| 23(13Y) | | | | | | | | | | | | | | | | -4252500 | |
| 24(13θ) | | | | | | | | | | | | | | | -430566 | | 574087 |
| 25(23Y) | | | | | | | | | | | | | | | | | |
| 26(23θ) | | | | | | | | | | | | | | | -656250 | | |
| 27(33Y) | | | | | | | | | | | | | | | | | |
| 28(33θ) | | | | | | | | | | | | | | | -430566 | | |
| 29(12X) | | | | | | | | | | | | | | | | | |
| 30(12Y) | | | | | | | | | | | | | | | | | |
| 31(12θ) | | | | | | | | | | | | | | | | | |
| 32(22Y) | | | | | | | | | | | | | | | | | |
| 33(22θ) | | | | | | | | | | | | | | | | | |
| 34(32Y) | | | | | | | | | | | | | | | | | |
| 35(32θ) | | | | | | | | | | | | | | | | | |

図 5.10　全体剛性マトリクス $[K]$ $(35 \times 35)$

| 18(24Y) | 19(24θ) | 20(34Y) | 21(34θ) | 22(13X) | 23(13Y) | 24(13θ) | 25(23Y) | 26(23θ) | 27(33Y) | 28(33θ) | 29(12X) | 30(12Y) | 31(12θ) | 32(22Y) | 33(22θ) | 34(32Y) | 35(32θ) |
|---|---|---|---|---|---|---|---|---|---|---|---|---|---|---|---|---|---|
|  | −656250 |  | −430566 |  |  |  |  |  |  |  |  |  |  |  |  |  |  |
| −5250000 |  |  |  |  |  |  |  |  |  |  |  |  |  |  |  |  |  |
|  | 875000 |  |  |  |  |  |  |  |  |  |  |  |  |  |  |  |  |
|  |  | −4252500 |  |  |  |  |  |  |  |  |  |  |  |  |  |  |  |
|  |  |  | 574087 |  |  |  |  |  |  |  |  |  |  |  |  |  |  |
|  |  |  |  | −758691 |  | −430566 |  | −656250 |  | −430566 |  |  |  |  |  |  |  |
| −10500 | −52500 |  |  |  | −4252500 |  |  |  |  |  |  |  |  |  |  |  |  |
| 52500 | 175000 |  |  | 430566 |  | 574087 |  |  |  |  |  |  |  |  |  |  |  |
| 10521000 |  | −10500 | −52500 |  |  |  | −5250000 |  |  |  |  |  |  |  |  |  |  |
|  | 4200000 | 52500 | 175000 | 656250 |  |  |  | 875000 |  |  |  |  |  |  |  |  |  |
| −10500 | 52500 | 8515499 | 52500 |  |  |  |  |  | −4252500 |  |  |  |  |  |  |  |  |
| −52500 | 175000 | 52500 | 2646350 | 430566 |  |  |  |  |  | 574087 |  |  |  |  |  |  |  |
|  | 656250 |  | 430566 | 1517381 |  |  |  |  |  |  | −758691 |  | −430566 |  | −656250 |  | −430566 |
|  |  |  |  |  | 8515499 | −52500 | −10500 | −52500 |  |  |  | −4252500 |  |  |  |  |  |
|  |  |  |  |  | −52500 | 2646350 | 52500 | 175000 |  |  | 430566 |  | 574087 |  |  |  |  |
| −5250000 |  |  |  |  | −10500 | 52500 | 1052100 | −10500 | −52500 |  |  |  |  | −5250000 |  |  |  |
|  | 875000 |  |  |  |  | −52500 | 175000 | 4200000 | 52500 | 175000 | 656250 |  |  |  | 875000 |  |  |
|  |  | −4252500 |  |  |  |  | −10500 | 52500 | 8515499 |  |  |  |  |  |  | −4252500 |  |
|  |  |  | 574087 |  |  |  | −52500 | 175000 | 52500 | 2646350 | 430566 |  |  |  |  |  | 574087 |
|  |  |  |  | −758691 |  | 430566 |  | 656250 |  | 430566 | 1517381 |  |  |  |  |  |  |
|  |  |  |  |  | −4252500 |  |  |  |  |  |  | 8515499 | −52500 | −10500 | −52500 |  |  |
|  |  |  |  | −430566 |  | 574087 |  |  |  |  |  | −52500 | 2646350 | 52500 | 175000 |  |  |
|  |  |  |  |  |  |  | −5250000 |  |  |  |  | −10500 | 52500 | 10521000 |  | −10500 | −52500 |
|  |  |  |  | −656250 |  |  |  | 875000 |  |  |  | −52500 | 175000 |  | 4200000 | 52500 | 175000 |
|  |  |  |  |  |  |  |  |  | −4252500 |  |  |  |  | −10500 | 52500 | 8515499 | 52500 |
|  |  |  |  | −430566 |  |  |  |  |  | 574087 |  |  |  | −52500 | 175000 | 52500 | 2646350 |

図 5.10　全体剛性マトリクス $[K]$ ($35 \times 35$)（つづき）

| 29 | 29 | .1517381E+07 | | | |
|----|----|----|----|----|----|
| 30 | 30 | .8515499E+07 | 31 −.5250000E+05 | 32 −.1050000E+05 | 33 −.5250000E+05 |
| 31 | 31 | .2646350E+07 | 32　.5250000E+05 | 33　.1750000E+06 | |
| 32 | 32 | .1052100E+08 | 34 −.1050000E+05 | 35 −.5250000E+05 | |
| 33 | 33 | .4200000E+07 | 34　.5250000E+05 | 35　.1750000E+06 | |
| 34 | 34 | .8515499E+07 | 35　.5250000E+05 | | |
| 35 | 35 | .2646350E+07 | | | |

全体を $35 \times 35$ のマトリクスとして表現したものが，図 5.10 である．

⑨　変位量（これより解析結果が出力されている）

$$\{u\} = [K]^{-1}\{P\}$$

ここに，$\{u\}$：変位ベクトル

$[K]$：剛性マトリクス

$\{P\}$：荷重ベクトル

節点変位（DX, DY, $\theta$）が以下のように出力される．E−11（$= 10^{-11}$）などの数値は，0 に近い小さな値であることを示している．また，固定点では変形量は 0 である．

| | 節点番号 | X 方向変位（m） | Y 方向変位（m） | 回転角 $\theta$（rad） |
|----|----|----|----|----|
| 1) | 16 | .3894864E−01 | .5194907E−03 | .8379527E−03 |
| 2) | 26 | .3894864E−01 | .3774247E−11 | .7682479E−03 |
| 3) | 36 | .3894864E−01 | −.5194907E−03 | .8379527E−03 |
| 4) | 15 | .3391677E−01 | .5009437E−03 | .1400449E−02 |
| 5) | 25 | .3391677E−01 | .2380213E−11 | .1349966E−02 |
| 6) | 35 | .3391677E−01 | −.5009438E−03 | .1400449E−02 |
| 7) | 14 | .2610855E−01 | .4496780E−03 | .1970819E−02 |
| 8) | 24 | .2610855E−01 | .1878228E−11 | .1881920E−02 |
| 9) | 34 | .2610855E−01 | −.4496780E−03 | .1970819E−02 |
| 10) | 13 | .1618227E−01 | .3519578E−03 | .2283070E−02 |
| 11) | 23 | .1618227E−01 | .2962919E−12 | .2183330E−02 |
| 12) | 33 | .1618227E−01 | −.3519579E−03 | .2283070E−02 |
| 13) | 12 | .5917104E−02 | .1999660E−03 | .2015219E−02 |
| 14) | 22 | .5917104E−02 | .1624928E−11 | .1910683E−02 |
| 15) | 32 | .5917104E−02 | −.1999660E−03 | .2015219E−02 |
| 16) | 11 | .0000000E+00 | .0000000E+00 | .0000000E+00 |
| 17) | 21 | .0000000E+00 | .0000000E+00 | .0000000E+00 |
| 18) | 31 | .0000000E+00 | .0000000E+00 | .0000000E+00 |

上の計算結果より，以下の水平変位と層間変形（層間変形角）が得られる．水平変位は，床位置での量であり，床～床間の量が層間変形となることに注意する．（ ）内は逆数表現の層間変形角である．

| 床位置 | 層 | 水平変位<br>（×10 mm） | 層間変形<br>（×10 mm） |
|---|---|---|---|
| R |  | 3.895 |  |
|  | 5 |  | 0.503（1/795） |
| 5 |  | 3.392 |  |
|  | 4 |  | 0.781（1/512） |
| 4 |  | 2.611 |  |
|  | 3 |  | 0.993（1/403） |
| 3 |  | 1.618 |  |
|  | 2 |  | 1.026（1/390） |
| 2 |  | 0.592 |  |
|  | 1 |  | 0.592（1/676） |
| 1 |  | 0.0 |  |

⑩ 部材応力

$$\{u^*\} = [T]\{u\}, \quad \{F^*\} = [K_m^*]\{u^*\}$$

ここに，$\{u^*\}$：局所座標系変位

$[K_m^*]$：部材剛性マトリクス

$\{F^*\}$：応力ベクトル

| | I-J 部材 | | モーメント<br>I 端(kNm) | モーメント<br>J 端(kNm) | せん断力<br>(kN) | せん断力<br>(kN) | 軸方向力<br>(kN) | 軸方向力<br>(kN) | モーメント<br>中央(kNm) |
|---|---|---|---|---|---|---|---|---|---|
| | (I) | (J) | (I) | (J) | (I) | (J) | (I) | (J) | (CENTER) |
| 1) | 11 | 12 | −1390.79 | −233.88 | 406.17 | 406.17 | 850.36 | 850.36 | −578.46 |
| 2) | 12 | 13 | −795.32 | −641.55 | 359.22 | 359.22 | 646.35 | 646.35 | −76.88 |
| 3) | 13 | 14 | −521.13 | −700.39 | 305.38 | 305.38 | 415.55 | 415.55 | 89.63 |
| 4) | 14 | 15 | −295.13 | −622.57 | 229.42 | 229.42 | 218.01 | 218.01 | 163.72 |
| 5) | 15 | 16 | −77.53 | −400.45 | 119.50 | 119.50 | 78.87 | 78.87 | 161.46 |
| 6) | 21 | 22 | −2211.25 | −539.40 | 687.66 | 687.66 | .00 | .00 | −835.92 |
| 7) | 22 | 23 | −1482.40 | −1243.84 | 681.56 | 681.56 | .00 | .00 | −119.28 |
| 8) | 23 | 24 | −1046.61 | −1310.35 | 589.24 | 589.24 | .00 | .00 | 131.87 |
| 9) | 24 | 25 | −649.57 | −1115.03 | 441.15 | 441.15 | .00 | .00 | 232.73 |
| 10) | 25 | 26 | −267.50 | −776.51 | 261.00 | 261.00 | .00 | .00 | 254.50 |

| | | | | | | | | |
|---|---|---|---|---|---|---|---|---|
| 11) | 31 | 32 | −1390.79 | −233.88 | 406.17 | 406.17 | −850.36 | −850.36 | −578.46 |
| 12) | 32 | 33 | −795.32 | −641.55 | 359.22 | 359.22 | −646.35 | −646.35 | −76.88 |
| 13) | 33 | 34 | −521.13 | −700.39 | 305.38 | 305.38 | −415.55 | −415.55 | 89.63 |
| 14) | 34 | 35 | −295.13 | −622.57 | 229.42 | 229.42 | −218.01 | −218.01 | 163.72 |
| 15) | 35 | 36 | −77.53 | −400.45 | 119.50 | 119.50 | −78.87 | −78.87 | 161.46 |
| 16) | 12 | 22 | 1029.20 | 1010.90 | −204.01 | −204.01 | .00 | .00 | 9.15 |
| 17) | 13 | 23 | 1162.68 | 1145.22 | −230.79 | −230.79 | .00 | .00 | 8.73 |
| 18) | 14 | 24 | 995.51 | 979.96 | −197.55 | −197.55 | .00 | .00 | 7.78 |
| 19) | 15 | 25 | 700.10 | 691.27 | −139.14 | −139.14 | .00 | .00 | 4.42 |
| 20) | 16 | 26 | 400.45 | 388.26 | −78.87 | −78.87 | .00 | .00 | 6.10 |
| 21) | 22 | 32 | 1010.90 | 1029.20 | −204.01 | −204.01 | .00 | .00 | −9.15 |
| 22) | 23 | 33 | 1145.22 | 1162.68 | −230.79 | −230.79 | .00 | .00 | −8.73 |
| 23) | 24 | 34 | 979.96 | 995.51 | −197.55 | −197.55 | .00 | .00 | −7.78 |
| 24) | 25 | 35 | 691.27 | 700.10 | −139.14 | −139.14 | .00 | .00 | −4.42 |

反力の合計値を確認すると，

水平反力合計 $= -406 - 688 - 406 = -1500\,\mathrm{kN}$

（外力は $500 + 400 + 300 + 200 + 100 = 1500\,\mathrm{kN}$）

鉛直反力合計 $= -850 - 0.0 + 850 = 0.0\,\mathrm{kN}$（鉛直外力はないので 0）

モーメント反力 $= -850 \times 10.0 \times 2 - 1391 - 2211 - 1391 = -21990\,\mathrm{kN\cdot m}$

外力は，

$$500 \times 20.0 + 400 \times 16.0 + 300 \times 12.0 + 200 \times 8.0 + 100 \times 4.0 = 22000\,\mathrm{kN\cdot m}$$

であり，外力と反力が釣り合っていることがわかる（図 5.11，5.12）．

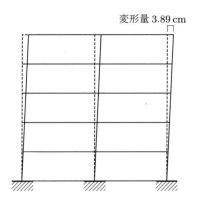

変形量 3.89 cm

図 5.11　変形図

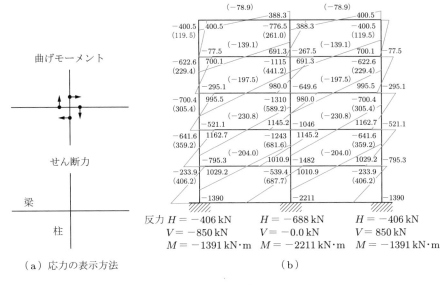

（a）応力の表示方法　　　　　　　　（b）

曲げモーメント

せん断力

梁

柱

図 5.12　応力図

反力 $H = -406\,\mathrm{kN}$　$H = -688\,\mathrm{kN}$　$H = -406\,\mathrm{kN}$
$V = -850\,\mathrm{kN}$　$V = -0.0\,\mathrm{kN}$　$V = 850\,\mathrm{kN}$
$M = -1391\,\mathrm{kN\cdot m}$　$M = -2211\,\mathrm{kN\cdot m}$　$M = -1391\,\mathrm{kN\cdot m}$

**演習問題**

5.1　［変換マトリクスの逆マトリクス］座標変換マトリクス $[T]$ の逆マトリクス $[T]^{-1}$ は，転置マトリクス $[T]^T$ と等しいことを証明せよ．

5.2　［局所系の部材剛性マトリクス］問図 5.1
の鉄筋コンクリート部材の剛性マトリクス
を求めよ．ただし，コンクリートのヤング
係数は $2.1 \times 10^7\,\mathrm{kN/m^2}$ とし，鉄筋の影響
は無視できるものとする．

600

600

5000

（部材断面）

問図 5.1

5.3　［変換マトリクス］演習問題 5.2 の部材が柱材（問図 5.2）として，鉛直に
立てられる場合の変換マトリクス $[T]$ を求めよ．

5000

90°

問図 5.2

5.4　［全体座標系の部材剛性マトリクス］演習問題 5.2 の柱の全体座標系での部材剛性マトリクスを求めよ．

# 第6章 | 骨組みの弾塑性性状と保有水平耐力

　これまで本書で学んできたものはすべて弾性力学であり，構造物の力と変形の関係は線形関係にあった．しかし，建築構造物に大きな外力が作用すると，部材は弾性範囲を超えて変形して塑性化し，弾塑性挙動を示す．最終的には，構造物が耐えられる最大外力に対して，その構造物の終局強度が得られる．

　大地震時においては，建築構造物を弾性範囲に留めることは難しい．むしろ，過去の地震被害などを考えると，構造物は必ずしも弾性範囲内には留まれず，部材の一部または大部分が塑性化する状況を覚悟しておかなければならない．

　地震時に生じる水平荷重に対しての骨組みの終局強度は，保有水平耐力とよばれている．「建築基準法」では，ある規模以上の建物に対しては，大地震時の検討において「保有水平耐力」を計算することが要求されている．この保有水平耐力を理解するために，必要と思われる基礎知識を本章で学ぶ．

スペイン・バルセロナ〈カサ・ミラ〉（別名ラ・ペドレラ）
アントニ・ガウディ設計の住宅建築

## 6.1　完全弾塑性体

　実際の鋼材の応力度 $\sigma$ とひずみ度 $\varepsilon$ の関係は，図 6.1 に示すようなものである．この $\sigma$-$\varepsilon$ 関係のうちで，実構造物において終局強度に関係する部分は，鋼材の塑性化の程度があまり大きくない範囲である．このため，ひずみ度が小さい範囲を理想化して，鋼材の $\sigma$-$\varepsilon$ 関係は，図 6.2 に示すようなバイリニア（bi-linear）型の関係にあると仮定し，これを完全弾塑性体とよぶ．

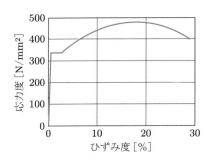

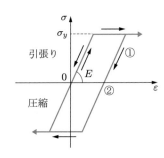

図 6.1　標準的な鋼材の $\sigma$-$\varepsilon$ 関係　　図 6.2　理想化した $\sigma$-$\varepsilon$ 関係（完全弾塑性体）

　$\sigma$-$\varepsilon$ 関係において，応力度をしだいに増加させていくと，ひずみ度が小さい範囲では，ひずみ度が比例的に増加し，載荷時，除荷時ともに弾性的（elastic）な挙動をする．すなわち，ヤング係数を $E$ として，$\sigma = E\varepsilon$ となる．

　しかし，応力度がある値（降伏点 $\sigma_y$）に達すると，応力度はそれ以上増えないで，ひずみ度のみが限りなく増大する．この現象を降伏（yield）という．降伏してひずみ度が増加した状態で荷重を下げる（除荷する）と，応力度とひずみ度は弾性的な関係を示して減少していく（図 6.2 の①）．しかし，応力度が 0 になってもひずみ度が残留する（図 6.2 の②）．この現象を塑性（plastic）という．

　このような挙動を示す材料を，完全弾塑性体 という．実際の材料には完全弾塑性体は存在しないが，鋼材などの構造材料は近似的にこのような性質を有していると仮定することができる．構造物の塑性解析は，通常このような完全弾塑性体であることを仮定して行う．

## 6.2　全塑性モーメント

長方形断面部材の主軸まわりに，曲げモーメントが作用する場合の部材の挙動を考える．
　弾性範囲での曲げモーメントによる応力度の分布は，図 6.3 のようになり，曲げ応

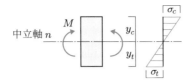

図 6.3 曲げ応力度

力度はいわゆる三角形分布となる.

図 6.4 のように,単純梁に集中荷重 $P$ が作用して $P$ をしだいに大きくしていくと,梁中央部の曲げモーメントと回転角の関係は,線形関係が保てなくなり曲線が折れ曲がる.

これらの状態に対応して,断面内の曲げ応力度分布を考えてみる.

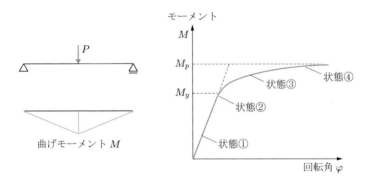

図 6.4 単純梁の荷重 – 変形関係

- 曲げモーメントの値が小さい範囲では,曲げ応力度は三角形分布である(図 6.4,図 6.5 の状態①).
- 曲げモーメントが大きくなり,降伏モーメント $M_y$($= Z\sigma_y$,状態②)を超えると,断面の上下端部から内部へと降伏領域が広がり,応力度分布は状態③のように台形状となる.塑性化した部分ではヤング係数が 0 となり,断面の曲げ剛性は低下し,部材は大きく変形する.

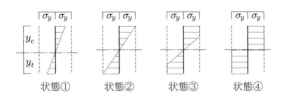

図 6.5 弾塑性範囲の梁の曲げ応力度分布

- さらに部材が変形していって，断面の中立軸位置付近までが塑性化してしまう
  と，曲げ剛性は 0 に近づき，見かけ上はピン（ヒンジ）のように大きく回転す
  る．このような状態を<u>塑性ヒンジ</u>（plastic hinge）を生じたという．このとき
  の状態をさらに理想化して，断面すべてが塑性化したと仮定した曲げモーメン
  トを<u>全塑性モーメント</u>（full plastic moment）$M_p$ という（状態④）．

降伏モーメント $M_y$ および全塑性モーメント $M_p$ は，材料の降伏点 $\sigma_y$ と断面形状
から決まり，つぎのように表される（図 6.6 参照）．

$$M_y = Z\sigma_y \tag{6.1}$$

$$M_p = Z_p\sigma_y \tag{6.2}$$

ここに，$Z$：断面係数 $[\mathrm{mm}^3]$

$\qquad Z_p$：塑性断面係数 $[\mathrm{mm}^3]$ （$Z_p = y_1 A_1 + y_2 A_2$）

$\qquad A_1, A_2$：塑性中立軸の上下断面の各断面積

$\qquad y_1, y_2$：塑性中立軸から上下断面の図心までの距離

なお，塑性断面係数と断面係数の比である形状係数（shape factor）は，

$$f = \frac{M_p}{M_y} = \frac{Z_p}{Z} \tag{6.3}$$

として与えられる．

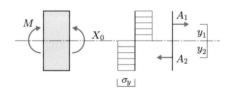

図 6.6 塑性断面係数

### 例題 6.1 長方形断面の塑性断面係数

図(a)の長方形断面の塑性断面係数 $Z_p$ と形状係数 $f$ を求めよ．

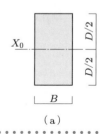

(a)

### 解答 ・・・・・・・・・・・・・・・・・・・・・・・・・・・・・・・・・・・・・・・・・・・・・・・・・・・・・・・・・・・

塑性中立軸は，弾性時と同じ断面中央軸である（図(b)）．

$$A_1 = A_2 = B \times \frac{D}{2} = \frac{BD}{2}$$

$$y_1 = y_2 = \frac{D}{4}$$

$$Z_p = 2 \times \frac{D}{4} \times \frac{BD}{2} = \frac{BD^2}{4}$$

形状係数は，つぎのように求められる．

$$f = \frac{Z_p}{Z} = \frac{BD^2/4}{BD^2/6} = 1.5$$

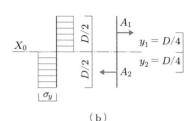

（b）

**例題 6.2** H形断面の塑性断面係数

図の H 形梁部材断面の塑性断面係数 $Z_p[\mathrm{mm}^3]$ と形状係数 $f$ を求めよ．

**解答**

断面二次モーメント

$$I_{x_0} = \frac{300 \times (300)^3}{12} - 2 \times \frac{145 \times (270)^3}{12} = 2.00 \times 10^8\,\mathrm{mm}^4$$

断面係数　$Z = \dfrac{I_{x_0}}{D/2} = \dfrac{2.00 \times 10^8}{150} = 1.33 \times 10^6\,\mathrm{mm}^3$

塑性中立軸は，弾性時と同じ断面中央軸である．フランジとウェブに分けて塑性断面係数を算定する．

フランジ　$_fZ_p = A_f h_1 = 4.50 \times 10^3 \times (300 - 15) = 1.28 \times 10^6\,\mathrm{mm}^3$

ウェブ　　$_wZ_p = t_w \times \dfrac{h_2{}^2}{4} = 10 \times \dfrac{(300 - 30)^2}{4} = 0.18 \times 10^6\,\mathrm{mm}^3$

ここに，$A_f$：フランジ断面積

　　　　　$h_1$：フランジ中心距離

　　　　　$t_w$：ウェブ厚

　　　　　$h_2$：ウェブ高さ

塑性断面係数　$Z_p = {}_fZ_p + {}_wZ_p = 1.46 \times 10^6\,\mathrm{mm}^3$

形状係数　$f = \dfrac{1.46 \times 10^6}{1.33 \times 10^6} = 1.10$

## 6.3　崩壊機構（メカニズム）

　完全弾塑性体からなる断面一定の単純梁に，図 6.7 のように集中荷重 $P$ が作用している場合を考える．荷重が増加していくと，曲げモーメントは弾性域にある状態①から部材中央が $M_y$ に達する状態②に至り，さらに，状態②から状態④へと変化していく．梁の曲げ剛性はしだいに低下し，荷重点 C の曲げモーメントが断面の全塑性モーメント $M_p$ に達すると，C 点の断面が塑性ヒンジとなり，梁として不安定な状態になる．

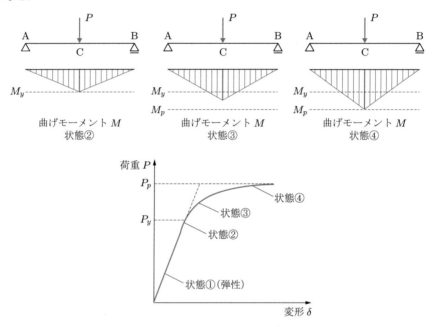

図 6.7　単純梁の崩壊過程

　このように，構造物に塑性ヒンジが生じて不安定構造物となることを，構造物が崩壊する（collapse）といい，そのときの荷重を崩壊荷重（collapse load）という．

　崩壊が始まると，変形の増大は塑性ヒンジの回転の増加により生じる．各部材を剛体棒と見なして，節点や中間点に発生した塑性ヒンジを考えて，回転変形できるようにモデル化して，ちょうど不安定になった骨組みを崩壊機構（collapse mechanism）あるいはメカニズムという．

　図 6.8 は，集中荷重を受ける単純梁の崩壊機構であり，剛体棒 AC と BC がピン（塑性ヒンジ）で接合されことになり，不安定構造物となる．このような単純梁では，荷重点に塑性ヒンジを生じて崩壊機構が形成される．

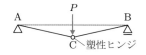

図 6.8　崩壊機構

## 6.4　塑性解析

構造物が崩壊機構を形成するために必要な条件は，つぎの三つである．
①　釣り合い条件：崩壊荷重と部材応力が釣り合っている．
②　機構条件：構造物の全体または一部が，機構として変形できるよう塑性ヒンジが形成され，配置されている．
③　塑性条件：塑性ヒンジ部の曲げモーメントは，その絶対値が全塑性モーメント $M_p$ に等しく，作用方向が塑性ヒンジの回転方向と一致している．そのほかの部分では，曲げモーメントの絶対値が $M_p$ を超えない．

崩壊機構の概念を用いると，崩壊機構の変形に対して仮想仕事の原理を適用することにより，崩壊荷重（終局強度）を求めることができる．

その場合の仮想仕事の式は，つぎのように表現される．

外力（荷重）の仮想仕事 ＝ 内力（全塑性モーメント）の仮想仕事

参考　**上界定理と下界定理**
- 上界定理（upper bound theorem）
「任意に選んだ崩壊機構に適合する荷重 $P_U$ は，真の崩壊荷重に等しいか，それより大きい」
- 下界定理（lower bound theorem）
「与えられた荷重に対して，塑性条件を満たす釣り合い状態が一つでも見出せるならば，その荷重 $P_L$ は真の崩壊荷重に等しいか，それより小さい」

真の崩壊荷重 $P_p$ を求めることが困難な場合でも，$P_U$ と $P_L$ を求めることができる場合が多い．その場合には，

$$P_U \geqq P_p \geqq P_L$$

の関係から，崩壊荷重の大きさの範囲を限定できるので，崩壊荷重の推定に役立つことが多い．

例題6.3　終局強度

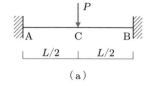

(a)

図(a)の集中荷重を受ける固定梁の終局強度を求めよ.ただし,梁の全塑性モーメントは $M_p$ とする.

**解答**

崩壊機構は,梁両端のA点,B点と荷重点Cに塑性ヒンジが発生して生じる.ヒンジ部の全塑性モーメントを $M_p$,塑性回転角を $\theta$ とする(図(b)).機構条件と塑性条件は満足されている.図(c)のように梁両端が塑性化するとして,仮想仕事の原理により,終局強度 $P_p$ が求められる.

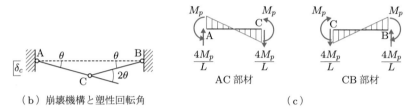

(b) 崩壊機構と塑性回転角　　　AC部材　　　CB部材　　(c)

外力のする仕事 $W_E$ は,

$$W_E = P_p \delta_C = \frac{P_p \theta L}{2}$$

となり,内力(全塑性モーメント)のする仕事 $W_I$ は,

$$W_I = M_p \theta_A + M_p \theta_C + M_p \theta_B = M_p \theta + M_p 2\theta + M_p \theta$$
$$= 4 M_p \theta$$

となる.$W_E = W_I$ より,つぎのようになる.

$$\frac{P_p \theta L}{2} = 4 M_p \theta \;\rightarrow\; P_p = \frac{8 M_p}{L}$$

## 6.5　保有水平耐力

地震荷重(水平荷重)に対する建築構造物の終局強度は,保有水平耐力ともよばれ,耐震設計上重要な検討項目である.ここでは,実用的な保有水平耐力の計算手法として,「荷重増分法」,「仮想仕事法」,「節点振り分け法」を簡単に紹介しておく.

(1) 荷重増分法

建物に作用させる水平荷重の高さ方向分布を仮定し,水平荷重を比例的に増分させ

て段階的に解析していく方法である．解析の考え方は，マトリクス変位法に基づき，荷重増分ステップごとに部材の曲げ耐力を考慮して，剛性マトリクスを変化させていくものである．各ステップにおいて，部材端部に降伏が生じていないかを調べ，生じていた場合には材端に塑性ヒンジを発生させ，剛性マトリクスを変更して，つぎのステップへと進めていく．

　最終的には，崩壊機構が形成されて変形が急増する状態を求めることになるが，ある層の層間変形や全体変形が所定の値に達した時点をもって保有水平耐力としていることが多い．

　図 6.9 のような対象骨組みに，作用させた荷重を増加させるごとに解析を行い，得られた変形から，層せん断力 – 層間変形（床位置間の変形）の関係を求めて，保有水平耐力を決定する．この方法により得られた保有水平耐力の高さ方向分布は，仮定した荷重分布形に相似なものとなる．与えた荷重分布が実際の地震時応答に近いものであれば，実質的な崩壊荷重が得られたことになる．

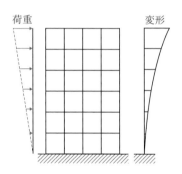

図 6.9　対象骨組みと荷重増分法

　しかし，いくつかの層は降伏して変形が大きくなるが，ほかの層では降伏を生じておらず，全体の崩壊機構が形成されていないこともある．

　RC 造 3 階建の建物例を図 6.10 に示す．この例では，RC 部材の曲げひび割れやせん断ひび割れの発生も考慮しており，それらも取り入れながら部材剛性を変化させて増分解析を行っている．なお，解析ステップは 71 ステップとしている．

(2)　崩壊系を仮定した仮想仕事法

　図 6.11 に示す連層耐震壁をもつ骨組みの保有水平耐力を，仮想仕事法により算定する例を示す．なお，柱と耐震壁は梁より曲げ耐力が大きく，柱脚と壁脚を除いて降伏しないものとする．

　まず，作用させる水平荷重の高さ方向分布を仮定し，外力のなす仕事と内力のなす仕事を求め，両者を等置することにより水平荷重値を求め，それより層せん断力を求

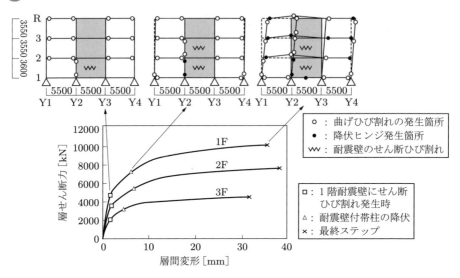

図6.10 RC造3階建物の荷重増分法による解析結果例（日建設計・石井正人氏提供）

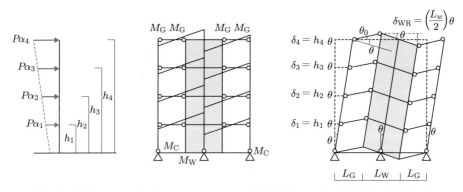

（a）作用外力　　　（b）梁モーメントとヒンジ発生位置　　　（c）崩壊機構と塑性回転角

図6.11 仮想仕事法による全体崩壊系

めて保有水平耐力とする.

① 全体崩壊系

　　全体崩壊系は，図6.11に示したように，最下層柱脚部と壁脚部を除いて梁が降伏するものとする．水平外力分布は，各層に $P\alpha_i$ が作用するものとする（$\alpha_i$ は，三角形分布とすることが多い）.

② 外力のなす仕事 $W_E$

　　外力の作用位置は，各層の床位置であるので，$W_E$ と $i$ 層床位置での変形 $\delta_i$ は，1階からの高さ $h_i$ と全体回転角 $\theta$ により，次式のように表される.

$$\delta_i = h_i\theta$$

$$W_{\mathrm{E}} = \sum(P\alpha_i\delta_i) = P\alpha_4\delta_4 + P\alpha_3\delta_3 + P\alpha_2\delta_2 + P\alpha_1\delta_1$$

$$= P(\alpha_4 h_4 + \alpha_3 h_3 + \alpha_2 h_2 + \alpha_1 h_1)\theta$$

$$= PM_\alpha\theta$$

$$M_\alpha = \alpha_4 h_4 + \alpha_3 h_3 + \alpha_2 h_2 + \alpha_1 h_1$$

③ 内力のなす仕事 $W_{\mathrm{I}}$

内力のなす仕事は，ヒンジを生じている柱，梁，耐震壁の曲げ耐力を $M_{\mathrm{C}}$，$M_{\mathrm{G}}$，$M_{\mathrm{W}}$ とすると，柱，梁，耐震壁の回転角を求めて，次式により計算される．梁の回転角 $\theta_{\mathrm{G}}$ は，耐震壁の回転による角度 $\theta_0$ を考慮して求める．

$$\delta_{\mathrm{WR}} = \frac{L_{\mathrm{W}}}{2}\theta, \qquad \theta_0 = \frac{\delta_{\mathrm{WR}}}{L_{\mathrm{G}}} = \frac{L_{\mathrm{W}}}{2L_{\mathrm{G}}}\theta \quad (\delta_{\mathrm{WR}}：図 6.11\,(\mathrm{c})参照)$$

$$\theta_{\mathrm{G}} = \theta + \theta_0 = \left(1 + \frac{L_{\mathrm{W}}}{2L_{\mathrm{G}}}\right)\theta$$

各部材の曲げ耐力と回転角の積として内力のなす仕事が求められる．ヒンジの発生している箇所は，図 6.11 に示したように柱脚 2 箇所，耐震壁脚部 1 箇所，梁 8 本に各 2 箇所である．

$$W_{\mathrm{I}} = \sum(M_i\theta_i) = 2M_{\mathrm{C}}\theta + M_{\mathrm{W}}\theta + 8 \times 2 \times M_{\mathrm{G}}\theta_{\mathrm{G}}$$

$$= 2M_{\mathrm{C}}\theta + M_{\mathrm{W}}\theta + 16M_{\mathrm{G}}\left(1 + \frac{L_{\mathrm{W}}}{2L_{\mathrm{G}}}\right)\theta$$

$$= \left(2M_{\mathrm{C}} + M_{\mathrm{W}} + 16M_{\mathrm{G}}\frac{2L_{\mathrm{G}} + L_{\mathrm{W}}}{2L_{\mathrm{G}}}\right)\theta$$

④ 外力の決定

外力のなす仕事と内力のなす仕事が等しいとして，外力値 $P$ を決定する．このとき，仮定した回転角は消去される．

$$W_{\mathrm{E}} = W_{\mathrm{I}}$$

$$PM_\alpha\theta = \left(2M_{\mathrm{C}} + M_{\mathrm{W}} + 16M_{\mathrm{G}}\frac{2L_{\mathrm{G}} + L_{\mathrm{W}}}{2L_{\mathrm{G}}}\right)\theta$$

$$P = \frac{\left(2M_{\mathrm{C}} + M_{\mathrm{W}} + 16M_{\mathrm{G}}\dfrac{2L_{\mathrm{G}} + L_{\mathrm{W}}}{2L_{\mathrm{G}}}\right)}{M_\alpha}$$

$P\alpha_i$ を上層から加算していくと，保有水平耐力が得られる．

### （3）節点振り分け法

　柱と梁部材の曲げモーメント耐力（降伏モーメント）を求め，各節点の降伏する部材の曲げ耐力の和を，ほかの部材に分配して得られる層せん断力をもって保有水平耐力とする方法である．その意味で，モーメント分配法ともよばれる．

　通常は図 6.12 のように，梁の曲げ耐力和と柱の曲げ耐力和を比較して，小さいほうに塑性ヒンジが生じるとし，塑性ヒンジが生じない部材に，ヒンジ部の曲げ耐力の和を分割して配分する．たとえば，左右の梁の曲げモーメント耐力の和を上下の柱に分配する場合には，柱の剛比に応じて配分したり，弾性応力比に応じて分配したりする．

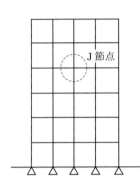

梁降伏の想定ヒンジ　　　柱降伏の想定ヒンジ

J 節点まわりの塑性ヒンジ

図 6.12　節点振り分け法

　この方法は，節点での耐力比較を行うものであり，特徴としてはつぎのことがあげられる．

- ① 計算が簡単である
- ② 節点でのヒンジ形成が確認できる
- ③ 荷重分布を決めなくても計算が行える
- ④ 架構のあらゆる部位で降伏モーメントを超えていないので，求められた荷重分布に対して保有水平耐力の下界を与える

しかし，保有水平耐力の高さ方向分布は，部材耐力のみから決まり，地震時応答からみると不自然な場合もある．また，水平変形量や変形の適合性は考慮されていない．

## 演習問題

6.1　[終局強度 1] 問図 6.1 の集中荷重を受ける単純梁の終局強度を求めよ．ただし，梁の全塑性モーメントは $M_p$ とする．

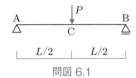

問図 6.1

6.2　[終局強度 2] 問図 6.2 の集中荷重を受ける一端固定梁の終局強度を求めよ．ただし，梁の全塑性モーメントは $M_p$ とする．

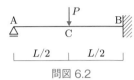

問図 6.2

6.3　[保有水平耐力] 問図 6.3 の 1 層ラーメンの保有水平耐力を求めよ．ただし，柱の全塑性モーメントは $40\,\mathrm{kN \cdot m}$, 梁の全塑性モーメントは $20\,\mathrm{kN \cdot m}$ とする．

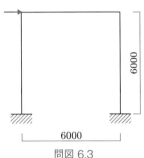

問図 6.3

6.4　[保有水平耐力（節点振り分け法）] 問図 6.4 の 2 層ラーメンの保有水平耐力を求めよ．ただし，柱の曲げ耐力値は十分大きく，降伏は梁に生じるものとする．2 階と屋根梁の全塑性モーメントは $200\,\mathrm{kN \cdot m}$, 基礎梁の全塑性モーメントは $400\,\mathrm{kN \cdot m}$ とする．

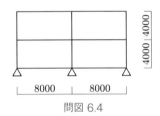

問図 6.4

# 第7章 | 1質点系の振動応答解析

　わが国のような地震国においては，建築構造物の地震時挙動を考えることが重要である．そのためには，振動現象を理解することが必要である．振動現象は時間軸における構造物の挙動を考えるため，静的な力学に慣れた人にはやや難しいかもしれないが，理解に努めてほしい．

　建築構造物の振動モデルは，建物重量が床位置に集中しているものとして，質点系にモデル化できる．この質点系モデルを用いて，第7章と第8章において構造物の振動性状について学ぶ．

　第7章では，最も基本的な1質点系モデルの振動性状について説明する．1質点系は，単に1層の建物を1質点にモデル化したものという意味合いだけではなく，振動性状を考える際の最も基本的な事項を理解するうえで，たいへん重要である．

　振動現象には，建物の変形に加えて「時間」という不慣れな要素が入ってくるが，建物の固有周期 $T$ と減衰定数 $h$ により，振動特性が定められることを理解する．まずは，1質点系モデルの振動性状を十分に把握して，第8章の多質点系へと進むこととする．

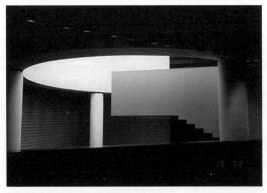

アメリカ・サンフランシスコ〈SFMOMA〉（San Francisco Museum of Modern Art）
吹き抜け空間と階段

## 7.1　1 質点系の自由振動

　1 層建物をモデル化すると，最も簡単な振動モデルである 1 質点系モデルとなり，一方向の振動のみを考えると 1 自由度系（single degree of freedom）となる．質点（lumped mass）とは，質量のみがあって，大きさのないものとして定義される．また，建物の重さが床位置に集中しているとして，床位置に質点を想定する．

　振動性状や振動解析を理解するうえで，1 質点系モデルにより振動現象の基本性状を知ることはたいへん重要な要素である．まずは，この基本モデルの自由振動を理解することから始めよう．自由振動（free vibration）とは，地震による基礎（地盤）の移動や風外力などの外乱が建物に作用していない場合の振動をいう．

### 7.1.1　自由振動の振動方程式

　図 7.1 のように，1 層建物を建物の重さである質量（mass）$m$ と剛性（stiffness）$k$ をもつ簡単な 1 質点モデルと仮定すると便利である．建物には，水平変形に抵抗する柱などの剛性がある．剛性 $k$ は，水平変形のみに応じて力を生じるばねと考えており，「せん断剛性」または「ばね定数」ともよばれる．

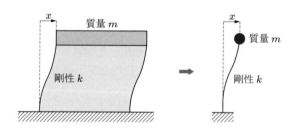

図 7.1　1 層建物と 1 質点系モデル

　質点に $\ddot{x}$ の加速度を生じているとすれば，$m\ddot{x}$ の慣性力がはたらく．一方，建物と地盤（基礎）との間の相対変位 $x$ により，柱から質点には $-kx$ の復元力がはたらくので，両者が等しいとすると次式が得られる．

$$m\ddot{x} = -kx \tag{7.1}$$

ここに，$x$：建物の地盤に対する相対変位 [m]

$\ddot{x}$：加速度 $\left( 変位の時間に関する二階微分，\ddot{x} = \dfrac{d^2}{dt^2}x, \ [\mathrm{m/s^2}] \right)$

$m$：質量 [ton]

$k$：剛性（ばね定数，[kN/m]）

慣性力については，田治見[5]は「加速度 $\ddot{x}$ を生じている質量 $m$ の質点は，これに接している物体に $-m\ddot{x}$ の力を及ぼす．これをダランベール（D'Alembert）の原理という」としている．

しかし，単純に力と加速度の関係と理解するほうがわかりやすい．すなわち，質点系の運動を，ニュートンの第二法則（$m\ddot{x} = F$）に基づく運動方程式と考えると，質量 × 加速度 ＝ 力 となり，力は $-kx$ であるので，式(7.1)となる．いずれにしても，釣り合い式自体が変わるわけではなく，理解しやすい考え方をとればよいであろう．

式(7.1)を変形すると，

$$m\ddot{x} + kx = 0 \tag{7.2}$$

となる．これが 1 質点系の自由振動状態を表現している基本的な微分方程式であり，振動方程式 とよばれる．

式(7.2)の両辺を $m$ で割ると

$$\ddot{x} + \frac{k}{m}x = 0 \tag{7.3}$$

さらに，$\omega = \sqrt{\dfrac{k}{m}}$ [rad/s] を用いて変形すると

$$\ddot{x} + \omega^2 x = 0 \tag{7.4}$$

となり，相対変位 $x$ の一般解は次式となる．

$$x = A\cos\omega t + B\sin\omega t \tag{7.5}$$

ここに，$A$，$B$：初期条件より定められる任意定数

$\omega$：固有円振動数 [rad/s]

式(7.5)を変形すると次式となる．

$$
\begin{aligned}
x &= \sqrt{A^2 + B^2}\left\{ \frac{A}{\sqrt{A^2 + B^2}}\cos\omega t + \frac{B}{\sqrt{A^2 + B^2}}\sin\omega t \right\} \\
&= \sqrt{A^2 + B^2}(\sin\alpha\cos\omega t + \cos\alpha\sin\omega t) \\
&= \sqrt{A^2 + B^2}\sin(\omega t + \alpha)
\end{aligned} \tag{7.6}
$$

ここに，$\tan\alpha = \dfrac{\sin\alpha}{\cos\alpha} = \dfrac{A}{B}$

$\alpha$：位相角 [rad]（図 7.2）

式(7.6)は，時刻 $t$ を変数とする振幅 $\sqrt{A^2 + B^2}$ の三角関数（正弦波形）であり，構造物は正弦波形で自由振動することがわかる．

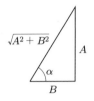

図 7.2　振幅 $A$ と $B$ の関係

### ▌7.1.2　固有円振動数，固有周期，固有振動数

固有円振動数 $\omega$ から，固有周期 $T$ と固有振動数 $f$ が導かれる．

（1）固有円振動数 $\omega$

固有円振動数（natural circular frequency）$\omega$ [rad/s] は，質量 $m$ と剛性 $k$ を用いて次式から求められる．質点系に固有の振動数である．

$$\omega = \sqrt{\frac{k}{m}} \tag{7.7}$$

（2）固有周期 $T$

質点系（構造物）は最も揺れやすい振動周期をもっており，それぞれ一揺れに要する時間が異なる．この時間を固有周期（natural period）$T$ [s] という．$T$ は，位相角 $\omega t$ が $0 \sim 2\pi$ まで変化する時間であり，質量 $m$ と剛性 $k$ を用いて次式から求められる．

$$T = \frac{2\pi}{\omega} = 2\pi\sqrt{\frac{m}{k}} \tag{7.8}$$

（3）固有振動数 $f$

構造物は最も揺れやすい振動数をもっており，この値を固有振動数（natural frequency）$f$ [Hz] という．固有振動数 $f$ と固有周期 $T$ とは次式の関係にある．

$$f = \frac{1}{T} = \frac{\omega}{2\pi} \tag{7.9}$$

（4）固有周期と位相差

図 7.3 に，縦軸を振幅 $x$，横軸を時間 $t$ として，固有周期 $T = 0.33\,\mathrm{s}$，$1.0\,\mathrm{s}$，$2.0\,\mathrm{s}$（$\omega = 6\pi$，$2\pi$，$\pi$）で，位相角 $\alpha = 0$ 場合の振動状況（時刻歴波形）を示す．また，図 7.4 に $T = 1.0\,\mathrm{s}$（$\omega = 2\pi$）で，位相角 $\alpha = 0$，$\pi/4$，$\pi/2$ の場合の振動状況を示す．1 質点系の自由振動では，このように質量と剛性から定められる固有周期に応じて，単純な調和振動（三角関数の振動）となり，初期条件により振幅と位相角が定められる．

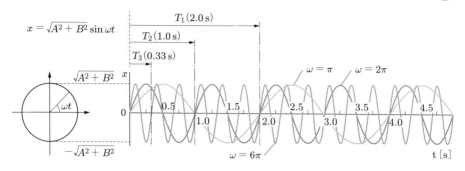

$$x = \sqrt{A^2 + B^2}\sin\omega t$$

図 7.3　固有周期が異なるモデルの振動状況

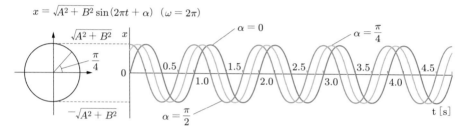

$$x = \sqrt{A^2 + B^2}\sin(2\pi t + \alpha)\ (\omega = 2\pi)$$

図 7.4　位相角 $\alpha$ がある場合の振動状況

## 7.2　1質点系の減衰自由振動

　前節で取り上げた自由振動（非減衰自由振動）は，一度振動を生じると永久に運動を持続する．しかし，現実の振動現象は時間の経過とともにしだいに振幅が漸減し，最後には停止することが知られている．このように，振動が継続することを妨げるものがあり，これを減衰（damping）とよんでいる．

　減衰を考慮した構造物の振動解析には，構造物は速度に比例した減衰による抵抗力を受けると仮定した減衰モデルが用いられる．速度に比例した抵抗力により生じる減衰を粘性減衰（viscous damping）とよぶ．図 7.5 に示すような粘性減衰を考えたモ

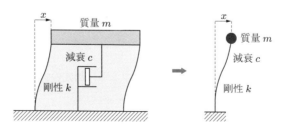

図 7.5　減衰をもつ 1 層建物

デルを用いると，実構造物の減衰に関する挙動の説明がある程度まで可能になる.

## ▌7.2.1　粘性減衰のある場合の振動方程式

　粘性減衰のある 1 層建物における自由振動方程式は，質点に作用する三つの力（$m\ddot{x}$：慣性力，$c\dot{x}$：粘性減衰力，$kx$：復元力）の釣り合いから以下のようになる.

$$m\ddot{x} = -c\dot{x} - kx$$

$$m\ddot{x} + c\dot{x} + kx = 0 \tag{7.10}$$

両辺を $m$ で割って変形すると簡便な次式となる.

$$\ddot{x} + \frac{c}{m}\dot{x} + \frac{k}{m}x = 0$$

$$\ddot{x} + 2h\omega\dot{x} + \omega^2 x = 0 \tag{7.11}$$

ここに，　$x$：建物の地盤に対する相対変位 [m]

$\quad\quad\quad\dot{x}$：速度 [m/s]（変位の時間に関する 1 階微分 $\dot{x} = dx/dt$）

$\quad\quad\quad\ddot{x}$：加速度 [m/s$^2$]（変位の時間に関する 2 階微分 $\ddot{x} = d^2x/dt^2$）

$\quad\quad\quad m$：質量 [ton]

$\quad\quad\quad k$：剛性 [kN/m]（ばね定数）

$\quad\quad\quad c$：粘性減衰係数 [kN·s/m]

$\quad\quad\quad h$：減衰定数（無次元）

$\quad\quad\quad\omega$：固有円振動数 [rad/s]

　この方程式を解くために，解を $x = Ae^{\lambda t}$ と仮定し，$\dot{x} = \lambda Ae^{\lambda t}$, $\ddot{x} = \lambda^2 Ae^{\lambda t}$ を式(7.11)に代入する．その結果,

$$m\lambda^2 + c\lambda + k = 0$$

が得られ，$\lambda$ はこの 2 次方程式の解となる．つまり，つぎの解が得られる.

$$\left.\begin{array}{c}\lambda_1\\\lambda_2\end{array}\right\} = -\frac{c}{2m} \pm \sqrt{\left(\frac{c}{2m}\right)^2 - \frac{k}{m}} \tag{7.12}$$

式(7.11)の一般解は，$A$, $B$ を任意定数とすると，次式のようになる.

$$x = Ae^{\lambda_1 t} + Be^{\lambda_2 t} \tag{7.13}$$

## ■7.2.2 減衰定数

式(7.12)の平方根内が 0 となる場合の $c$ を $c_c$ とすると,

$$c_c = 2\sqrt{mk} \tag{7.14}$$

となり,これを臨界減衰 (critical damping) とよぶ.

減衰係数 $c$ と $c_c$ の比を無次元量 $h$ で表し,

$$h = \frac{c}{c_c} \tag{7.15}$$

$h$ を減衰定数 (damping factor) という.

また,式(7.12)において

$$\omega = \sqrt{\frac{k}{m}}, \qquad \frac{c}{2m} = \frac{hc_c}{2m} = \frac{h\sqrt{mk}}{m} = h\omega$$

とすると,

$$\left.\begin{array}{c}\lambda_1 \\ \lambda_2\end{array}\right\} = (-h \pm \sqrt{h^2 - 1})\omega \tag{7.16}$$

となり,式(7.16)は,式(7.13)に示す運動の状態や特性を決定するため,特性方程式とよばれる.特性方程式中の $\sqrt{h^2 - 1}$ の値により,以下のように振動状態が分類される.

① $h < 1$ の場合(減衰振動:damped vibration)

この系の運動は正負の振動を繰り返し,周期的である.建物の復元力より減衰力が小さいことを示しており,このような状態を減衰振動という.一般構造物の振動は,ほとんどこの振動である.

② $h = 1$ の場合(臨界減衰:critical damping)

建物の復元力と減衰力が釣り合っており,振動するかしないかの限界の状態である.$c = c_c$(臨界減衰係数)であり,式(7.14)の値となる.

③ $h > 1$ の場合(過減衰:over damping)

この場合には,系は振動しない.$h > 1$ は,式(7.12)によれば $(c/2m)^2 > k/m$ の条件に等しい.すなわち,建物の復元力より減衰力が大きいことを示しており,この状態を過減衰 という.このような系では,構造物はゆっくり変形するだけで振動は生じない.一般構造物の振動では,この状態はほとんど生じない.

参考

振動関係の諸量と単位（質量：ton, 長さ：m, 時間：s, 力：kN = ton·m/s$^2$）

- 円振動数　$\omega = \sqrt{\dfrac{k}{m}}$　　　　　　単位：$\sqrt{\dfrac{\mathrm{kN/m}}{\mathrm{ton}}} = \sqrt{\dfrac{\mathrm{ton \cdot m/s^2/m}}{\mathrm{ton}}} = 1/\mathrm{s}$

- 固有周期　$T = \dfrac{2\pi}{\omega} = 2\pi\sqrt{\dfrac{m}{k}}$　　単位：$\sqrt{\dfrac{\mathrm{ton}}{\mathrm{kN/m}}} = \sqrt{\dfrac{\mathrm{ton}}{\mathrm{ton \cdot m/s^2/m}}} = \mathrm{s}$

- 減衰定数　$h = \dfrac{c}{c_c} = \dfrac{c}{2m\omega}$　　　単位：無次元

- 臨界減衰係数　$c_c = 2m\omega = \dfrac{2k}{\omega} = 2\sqrt{mk}$

  単位：$\sqrt{\mathrm{ton \cdot kN/m}} = \sqrt{\mathrm{ton \cdot ton \cdot m/s^2/m}} = \mathrm{ton/s} = \mathrm{kN \cdot s^2/m/s} = \mathrm{kN \cdot s/m}$

## ▌7.2.3　粘性減衰振動

$h < 1$ における減衰振動の振動方程式は，式(7.16)より，

$$\lambda_1 = \omega\left(-h + i\sqrt{1-h^2}\right), \qquad \lambda_2 = \omega\left(-h - i\sqrt{1-h^2}\right)$$

となり，式(7.13)において任意定数を $C_1$, $C_2$ とすると，

$$x = e^{-h\omega t}\left(C_1 e^{i\sqrt{1-h^2}\omega t} + C_2 e^{-i\sqrt{1-h^2}\omega t}\right) \tag{7.17}$$

が得られる．ここに，$e^{\pm i\theta} = \cos\theta \pm i\sin\theta$ を代入すると，次式となる．

$$x = e^{-h\omega t}\left[(C_1 + C_2)\cos\sqrt{1-h^2}\omega t + (C_1 - C_2)i\sin\sqrt{1-h^2}\omega\right]$$

さらに，任意定数を $A = C_1 + C_2$, $B = (C_1 - C_2)i$ とすると，つぎのようになる．

$$x = e^{-h\omega t}\left(A\cos\sqrt{1-h^2}\omega t + B\sin\sqrt{1-h^2}\omega t\right) \tag{7.18}$$

$A$ と $B$ は初期条件により決まり，これにより減衰振動の曲線を描くことができる．

ここで，実際の構造物における減衰定数は 1.0 に比べてかなり小さいことから，$h \ll 1$ より $\sqrt{1-h^2} \fallingdotseq 1$ とすると，式(7.18)は

$$x = e^{-h\omega t}(A\cos\omega t + B\sin\omega t) \tag{7.19}$$

となり，速度を求めるとつぎのようになる．

$$\dot{x} = -h\omega e^{-h\omega t}A\cos\omega t - h\omega e^{-h\omega t}B\sin\omega t - \omega e^{-h\omega t}A\sin\omega t + \omega e^{-h\omega t}B\cos\omega t$$

$$= -\omega e^{-h\omega t}\{\cos\omega t(hA - B) + \sin\omega t(A + hB)\}$$

これらに，$t=0$ の初期条件を代入して $A$ と $B$ を求めると以下のようになる．

$$A = x_0$$

$$B = \frac{\dot{x}_0 + h\omega x_0}{\omega} \quad (t=0 \text{ における変位 } x = x_0, \text{ 速度 } \dot{x} = \dot{x}_0)$$

図 7.6 に，$h = 0.03$，周期 $T = 3.0$ 秒（$\omega = 2\pi/3.0 = 2.1$），初期条件（$A = 200\,\text{mm}$，$B = 0\,\text{mm}$）の場合の振動状態を示す．

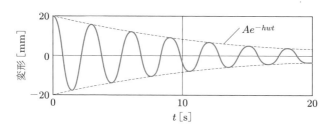

図 7.6 減衰のある自由振動 （$h = 0.03$）

### 7.2.4 対数減衰率

振動時にどのように振幅が減少していくかをみるために，$t = t_n$ における振幅を $x_n$，その 1 周期後の $t\,(= t_n + T)$ 時刻の振幅を $x_{n+1}$ とすると，$T = 2\pi/\left(\sqrt{1-h^2}\,\omega_0\right)$ として両者の比 $d$ は

$$d = \frac{x_n}{x_{n+1}} = e^{2\pi h/\sqrt{1-h^2}} \tag{7.20}$$

の関係になり，これを振幅減衰比という．粘性減衰により自由振動の振幅が減少するが，隣り合う 1 周期ごとの振幅の比率はすべて同じになり，1 周期ごとに確実に振動が減衰していくことがわかる．

式(7.20)の対数をとると次式となり，$\ln d$ を対数減衰率 （logarithic decrement factor）といい，振動状態における減衰の程度を表すものとして使われる．

$$\ln d = \ln \frac{x_n}{x_{n+1}} = \frac{2\pi h}{\sqrt{1-h^2}} \approx 2\pi h \tag{7.21}$$

対数減衰率は時刻に依存せず一定の値となり，減衰自由振動の実測記録データの隣り合う極大値を測定して求められるので，振動現象の簡便な減衰評価方法として用いられる．

減衰定数 $h = 0.01, 0.03, 0.05$ について，振幅減衰比 $d$ および $1/d$ の値を表 7.1 に示す．これから，減衰が $h = 0.01$ であると一揺れで振幅が 6% 減少し，減衰 $h = 0.05$ であれば一揺れで 27% も減少することがわかり，減衰性が構造物の応答に大きく影

表 7.1　減衰定数と振幅減衰比

| 減衰定数 $h$ | 振幅減衰比 $d$ | $1/d$ |
|---|---|---|
| 0.01 | 1.06 | 0.94 |
| 0.03 | 1.21 | 0.83 |
| 0.05 | 1.37 | 0.73 |

響することがわかる.

## 7.3　自由振動におけるエネルギー応答

### 7.3.1　エネルギーの釣り合い式

1 質点系の運動方程式は,次式で与えられる.

$$m\ddot{x} + c\dot{x} + kx = 0 \tag{7.22}$$

ここに,　$m$：質量 [ton]

$c$：減衰係数 [kN·s/m]

$k$：ばね定数 [kN/m]

$x$：質点の相対変位 [m]

式 (7.22) は力の単位であるので,変位 $dx$ を掛けて積分すればエネルギーが得られるが,$dx = (dx/dt)dt = \dot{x}\,dt$ であるので,つぎのように $\dot{x}$ を掛けて $t$ に関して積分する.

$$\int m\ddot{x}\dot{x}\,dt + \int c\dot{x}^2 dt + \int kx\dot{x}\,dt = \text{const.}$$

$$\frac{1}{2}m\dot{x}^2 + \int c\dot{x}^2 dt + \frac{1}{2}kx^2 = \text{const.} \tag{7.23}$$

この式は以下のように解釈できる.

$$W_{\mathrm{k}} + W_{\mathrm{d}} + W_{\mathrm{e}} = （一定値） \tag{7.24}$$

ここに,　$W_{\mathrm{k}}$：運動エネルギー $\left(第 1 項：\dfrac{1}{2}m\dot{x}^2\right)$

$W_{\mathrm{d}}$：減衰エネルギー $\left(第 2 項：\displaystyle\int c\dot{x}^2 dt\right)$

$W_{\mathrm{e}}$：弾性ひずみエネルギー $\left(第 3 項：\dfrac{1}{2}kx^2\right)$

すなわち,自由振動時に運動エネルギー,減衰エネルギー,弾性ひずみエネルギーの 3 種類のエネルギーの和は一定値であることがわかる.

### ▌7.3.2 非減衰自由振動時のエネルギー応答

計算例として，初期変位 $a$ の非減衰自由振動を考える．変位と速度値は次式とする．

$$x = a\cos\omega t, \qquad \dot{x} = -a\omega\sin\omega t$$

ここに，$t$：時間 [s]

$$\omega：円振動数 [\text{rad/s}] = \frac{2\pi}{T}$$

この関係から各エネルギー量を計算すると，

$$W_{\mathrm{k}} = \frac{1}{2}m\dot{x}^2 = \frac{1}{2}ma^2\omega^2\sin^2\omega t = \frac{1}{2}ka^2\sin^2\omega t = \frac{1}{4}ka^2(1-\cos 2\omega t)$$

$$W_{\mathrm{e}} = \frac{1}{2}kx^2 = \frac{1}{2}ka^2\cos^2\omega t = \frac{1}{4}ka^2(1+\cos 2\omega t)$$

となり，これより次式の関係が成立する．

$$W_{\mathrm{k}} + W_{\mathrm{e}} = \frac{1}{2}ka^2 \tag{7.25}$$

初期変位 $a$ により系に蓄えられたエネルギーは，図 7.7 の三角形の面積であり，そのエネルギーが運動エネルギーと弾性ひずみエネルギーに分配されていることになる．

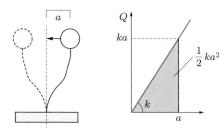

図 7.7　自由振動モデル

具体的な数値例として，初期変位 $a = 200\,\text{mm}$，固有周期 $T = 3.0\,\text{s}$，質量 $m = 1000\,\text{ton}$ とすると，$\omega = 2.09\,\text{rad/s}$，$k = 4.37\,\text{kN/mm}$ であるから，

$$x = 200\cos 2.09t\,[\text{mm}]$$

$$\dot{x} = -418\sin 2.09t\,[\text{mm/s}]$$

$$\ddot{x} = -874\cos 2.09t\,[\text{mm/s}^2]$$

$$W_{\mathrm{k}} = 43700(1-\cos 4.18t)\,[\text{kN·mm}]$$

$$W_{\mathrm{e}} = 43700(1+\cos 4.18t)\,[\text{kN·mm}]$$

すなわち，つぎのようになる．

$$W_{\mathrm{k}} + W_{\mathrm{e}} = 87400\,\text{kN·mm} = 87.4\,\text{kN·m}$$

　この関係を図示したものが，図 7.8 である．図中の 1.50 秒時と 5.25 秒時の縦線は，それぞれ変位最大時 $Dis_{\max}$ と速度最大時 $Vel_{\max}$ を示している．変位が最大時には速度 $= 0$，速度が最大時には変位 $= 0$ である．エネルギー応答もこれに対応して，変位最大時には $W_{\mathrm{e}}$ が最大になり $W_{\mathrm{k}} = 0$，速度最大時には $W_{\mathrm{k}}$ が最大になり $W_{\mathrm{e}} = 0$ となっている．

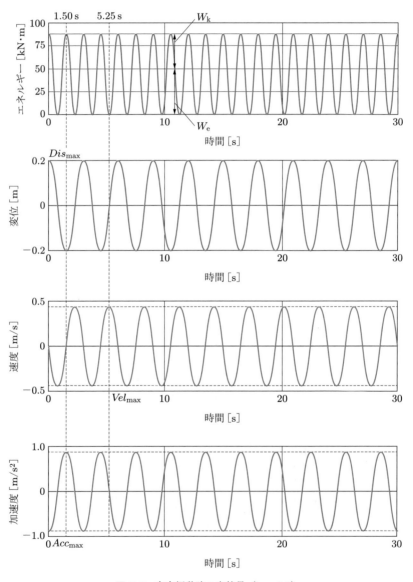

図 7.8　自由振動時の応答量（$h = 0.0$）

### 7.3.3 減衰自由振動時のエネルギー応答

減衰のある場合には，振動性状はやや複雑になるが，応答値を数値積分（numerical integration）により直接計算する．7.3.2 項の例について，減衰定数 $h = 0.01, 0.03, 0.05$ の場合について，振動応答解析の結果を図 7.9〜7.11 に示す．減衰定数が大きくなると，振動が急速に小さくなる傾向が見られる．

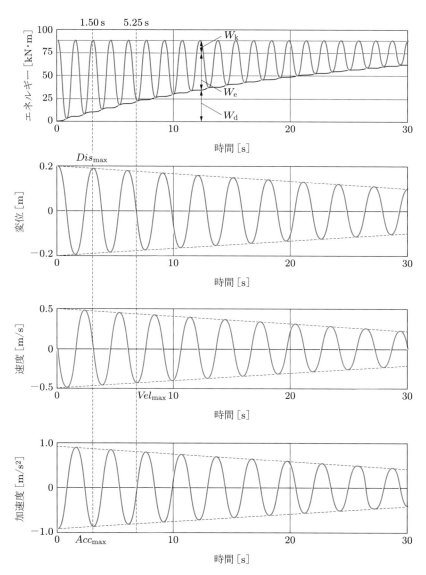

図 7.9　自由振動時の応答量（$h = 0.01$）

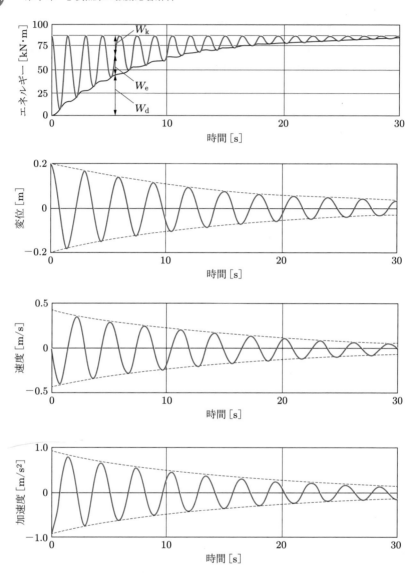

図 7.10　自由振動時の応答量 ($h = 0.03$)

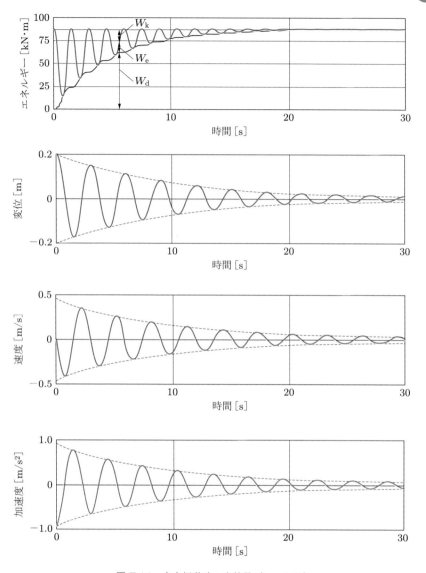

図 7.11 自由振動時の応答量 ($h = 0.05$)

## 7.4 地震動を受ける場合の 1 質点系の応答

　地震動（以下地動と略称する）が作用する場合には，これまで動かないと考えていた建物の基礎（地盤）が水平方向に移動することになる．このため，建物全体が地盤変位に応じて移動することになり，質量 $m$ の見かけの動きは，地盤変位 $x_G$ と建物変

位 $x$ の和（$x_G + x$）となる.

　このように，地動の影響は質量の見かけの動きとなって評価される.復元力や減衰力は，建物内部の相対変位に関係しているので，地動の影響は受けないことに注意する.

### ▌7.4.1　振動方程式

　図 7.12 のように建物の基礎に地動が加わるときには，O 点からの地盤変位を $x_G$，建物の相対変位を $x$ としたときの運動方程式は，質点に作用する加速度が（$\ddot{x}_G + \ddot{x}$）となり，次式となる.

$$m(\ddot{x}_G + \ddot{x}) + c\dot{x} + kx = 0$$
$$m\ddot{x} + c\dot{x} + kx = -m\ddot{x}_G \tag{7.26}$$

両辺を $m$ で割って変形すると，簡便な次式になる.

$$\ddot{x} + 2h\omega\dot{x} + \omega^2 x = -\ddot{x}_G \tag{7.27}$$

ここに，$x_G$：地盤変位 [m]

$\qquad x$：建物の地盤に対する相対変位 [m]

$\qquad m$：質量 [ton]

$\qquad k$：剛性 [kN/m]

$\qquad c$：粘性減衰係数 [kN·s/m]

$\qquad h$：減衰定数（無次元）

$\qquad \omega$：固有円振動数 [rad/s]

　式(7.27)は，式(7.11)の右辺に地動加速度による見かけの外乱項が入ったと考えればよい.

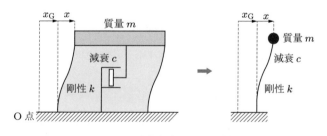

図 7.12　地動を受ける 1 層建物

## 7.4.2 調和地動を受ける場合

地動が調和波形（振幅 $A_G$，円振動数 $\omega_G$）の場合には，地動はつぎのように表される.

$$\left.\begin{array}{l} x_G = A_G \cos \omega_G t \\ \ddot{x}_G = -A_G \omega_G{}^2 \cos \omega_G t \end{array}\right\} \tag{7.28}$$

式(7.27)は式(7.28)を代入すると次式となる.

$$\ddot{x} + 2h\omega\dot{x} + \omega^2 x = A_G \omega_G{}^2 \cos \omega_G t \tag{7.29}$$

この方程式の解は，自由振動解に相当する余関数と特解からなる. 自由振動は減衰により消滅するので，時間が経つと特解のみが残りこれを定常振動（stationary response）という.

特解を

$$x = A_B \cos(\omega_G t - \phi) \tag{7.30}$$

とおいて式(7.29)に代入すれば，建物基礎（地盤）の振幅と相対変形量との振幅比は，次式となる.

$$\left|\frac{x}{x_G}\right| = \frac{A_B}{A_G} = \frac{(\omega_G/\omega)^2}{\sqrt{\{1 - (\omega_G/\omega)^2\}^2 + 4h^2(\omega_G/\omega)^2}} \tag{7.31}$$

また，絶対加速度の応答倍率は，

$$\ddot{x}_G + \ddot{x} = -A_G \omega_G{}^2 \cos \omega_G t - A_B \omega_G{}^2 \cos(\omega_G t - \phi)$$

$$\ddot{x}_G = -A_G \omega_G{}^2 \cos \omega_G t$$

の関係から次式となる.

$$\left|\frac{\ddot{x}_G + \ddot{x}}{\ddot{x}_G}\right| = \sqrt{\frac{1 + 4h^2(\omega_G/\omega)^2}{\sqrt{\{1 - (\omega_G/\omega)^2\}^2 + 4h^2(\omega_G/\omega)^2}}} \tag{7.32}$$

参考 **式(7.31)の誘導**

式(7.29)において，特解を $x = A_B \cos(\omega_G t - \phi)$ とおくと，速度と加速度は

$$\dot{x} = -A_B \omega_G \sin(\omega_G t - \phi), \qquad \ddot{x} = -A_B \omega_G{}^2 \cos(\omega_G t - \phi)$$

となる. 式(7.29)にこれらを代入して

$$-A_B \omega_G{}^2 \cos(\omega_G t - \phi) - 2h\omega A_B \omega_G \sin(\omega_G t - \phi) + \omega^2 A_B \cos(\omega_G t - \phi)$$

$$= A_{\mathrm{G}}\omega_{\mathrm{G}}{}^2 \cos\omega_{\mathrm{G}}t$$

$$A_{\mathrm{B}}(\omega^2 - \omega_{\mathrm{G}}{}^2)\cos(\omega_{\mathrm{G}}t - \phi) - 2A_{\mathrm{B}}h\omega\omega_{\mathrm{G}}\sin(\omega_{\mathrm{G}} - \phi) = A_{\mathrm{G}}\omega_{\mathrm{G}}{}^2 \cos\omega_{\mathrm{G}}t$$

$$A_{\mathrm{B}}\sqrt{(\omega^2 - \omega_{\mathrm{G}}{}^2)^2 + (2h\omega\omega_{\mathrm{G}})^2}\,\{\cos\theta\cos(\omega_{\mathrm{G}}t - \phi) - \sin\theta\sin(\omega_{\mathrm{G}}t - \phi)\}$$
$$= A_{\mathrm{G}}\omega_{\mathrm{G}}{}^2 \cos\omega_{\mathrm{G}}t$$

$$A_{\mathrm{B}}\sqrt{(\omega^2 - \omega_{\mathrm{G}}{}^2)^2 + (2h\omega\omega_{\mathrm{G}})^2}\cos(\omega_{\mathrm{G}}t - \phi + \theta) = A_{\mathrm{G}}\omega_{\mathrm{G}}{}^2 \cos\omega_{\mathrm{G}}t$$

となる．ただし，$\theta$ はつぎのように定義される．

$$\cos\theta = \frac{\omega^2 - \omega_{\mathrm{G}}{}^2}{\sqrt{(\omega^2 - \omega_{\mathrm{G}}{}^2)^2 + (2h\omega\omega_{\mathrm{G}})^2}}, \quad \sin\theta = \frac{2h\omega\omega_{\mathrm{G}}}{\sqrt{(\omega^2 - \omega_{\mathrm{G}}{}^2)^2 + (2h\omega\omega_{\mathrm{G}})^2}}$$

これを満たす $A_{\mathrm{B}}$ と $\phi$ は次式である．

$$A_{\mathrm{B}} = \frac{(\omega_{\mathrm{G}}/\omega)^2}{\sqrt{\{1 - (\omega_{\mathrm{G}}/\omega)^2\}^2 + 4h^2(\omega_{\mathrm{G}}/\omega)^2}}A_{\mathrm{G}} \tag{7.33}$$

$$\phi = \theta = \tan^{-1}\frac{2h(\omega_{\mathrm{G}}/\omega)}{1 - (\omega_{\mathrm{G}}/\omega)^2} \quad (0 \le \phi \le \pi) \tag{7.34}$$

### ▌7.4.3　共振曲線と共振

　調和地動を受ける建物の応答は，建物の固有振動数 $\omega$，地動の円振動数 $\omega_{\mathrm{G}}$ と減衰定数 $h$ に応じて，式(7.31)および式(7.32)から算定できる．地盤変位量と建物変位量の比を図示したものが図 7.13 であり，相対変位応答倍率（または共振曲線）とよばれる．

　建物と地動の円振動数が同じとなり，$\omega_{\mathrm{G}}/\omega = 1.0$ の場合には $|x/x_{\mathrm{G}}| = 1/2h$ とな

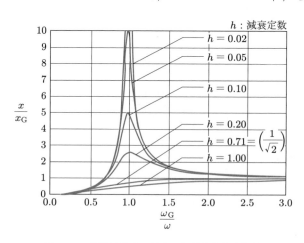

図 7.13　正弦波地動に対する相対変位応答倍率

り，$h = 0.02,\ 0.05,\ 0.10,\ 0.20,\ 1.0$ に対して，$|x/x_{\mathrm{G}}| = 25,\ 10,\ 5.0,\ 2.5,\ 0.5$ となる．

また，絶対加速度応答倍率は図 7.14 のように表される．$\omega_{\mathrm{G}}/\omega = 1.0$ の場合には，$|(\ddot{x}_{\mathrm{G}} + \ddot{x})/\ddot{x}_{\mathrm{G}}| \approx 1/2h$ となり，相対変位応答倍率と似た傾向を示す．また，$\omega_{\mathrm{G}}/\omega = \sqrt{2}$ の場合には，$h$ の値によらず一定値 1.0 となるのが特徴である．

共振とは，振動系の固有振動数 $\omega$ が外部からの強制振動の振動数 $\omega_{\mathrm{G}}$ に一致したとき，系の応答振幅が著しく大きくなる現象をいう．

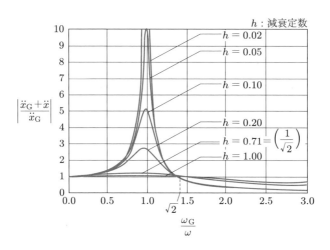

図 7.14 正弦波地動に対する絶対加速度応答倍率

**(1) 減衰のない場合 $(h = 0)$**

地動を $x_{\mathrm{G}} = A_{\mathrm{G}} \cos \omega_{\mathrm{G}} t$ とすると，$\omega \neq \omega_{\mathrm{G}}$ のとき，変位 $x$ は次式で与えられる．

$$x = \frac{(\omega_{\mathrm{G}}/\omega)^2}{1 - (\omega_{\mathrm{G}}/\omega)^2} A_{\mathrm{G}} (\cos \omega_{\mathrm{G}} t - \cos \omega t) \tag{7.35}$$

共振時 $(\omega = \omega_{\mathrm{G}})$ には，変位 $x$ は次式で表される．

$$x = \frac{1}{2} \times A_{\mathrm{G}} \omega t \times \sin \omega t \tag{7.36}$$

図 7.15 は，式(7.36)を縦軸（単位：$x/A_{\mathrm{G}}$），時間 $t$ を横軸として表した時刻歴応答である．これにより，減衰がない場合には建物の固有周期で振動しながら，時間の経過とともに変位応答倍率が無限に増加していくことがわかる．

**(2) 減衰のある場合 $(h > 0)$**

地動が $x_{\mathrm{G}} = A_{\mathrm{G}} \cos \omega_{\mathrm{G}} t$ の場合，強制振動解式(7.30)と自由振動解式(7.19)について初期条件を $t = 0$ において，$x_{t=0} = 0$，$\dot{x}_{t=0} = 0$ を代入すれば，次式となる．

$$x = A_{\mathrm{B}} \cos(\omega_{\mathrm{G}} t - \phi) - A_{\mathrm{B}} e^{-h\omega t} \left[ \cos\phi\cos\omega t + \left\{ h\cos\phi + \left(\frac{\omega_{\mathrm{G}}}{\omega}\right)\sin\phi \right\} \sin\omega t \right]$$

$$(7.37)$$

共振時には，$(\omega = \omega_{\mathrm{G}},\ \phi = \pi/2)$ を式 (7.37) に代入すると，次式となる．

$$x = \frac{1}{2h} A_{\mathrm{G}} (1 - e^{-h\omega t}) \sin\omega t \tag{7.38}$$

図 7.15〜7.17 は，式 (7.38) の縦軸を $x/A_{\mathrm{G}}$ とし，減衰定数 $h$ を変えた場合の時刻歴応答である．地動は $x_{\mathrm{G}} = A_{\mathrm{G}} \cos\omega t$ であり，共振時の $\omega = \omega_{\mathrm{G}} = 2\pi$ としている．これにより，共振時に減衰がある場合には，建物は固有周期で振動しながら，時

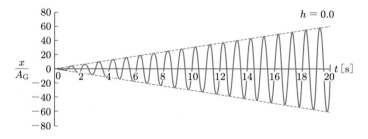

図 7.15　共振時の時刻歴応答（$h = 0.0,\ \omega = \omega_{\mathrm{G}} = 2\pi$）

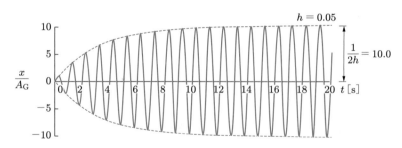

図 7.16　共振時の時刻歴応答（$h = 0.05,\ \omega = \omega_{\mathrm{G}} = 2\pi$）

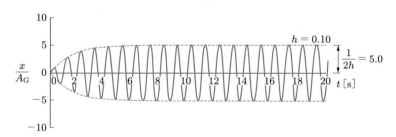

図 7.17　共振時の時刻歴応答（$h = 0.10,\ \omega = \omega_{\mathrm{G}} = 2\pi$）

間の経過とともに変位応答倍率が増加し，定常状態で $1/2h$ に近づいていく．また，減衰定数 $h$ が大きいほど変位応答倍率は小さく，定常状態になるまでの時間が短いことがわかる．

### ■7.4.4　任意形状の地動を受ける場合

地震時の地動加速度波形は，当然正弦波ではなくランダムな性状をもっており，地動は時刻を変数とする任意関数 $\ddot{x}_{\mathrm{G}}(t)$ となる．この場合には，式(7.26)の解析解を簡便に求めることは難しい．地震外乱を微小なインパルス外力の連続と見なすと，次式のような形で解が求められる．

$$x = -\frac{1}{\sqrt{1-h^2}\,\omega} \int_0^t \ddot{x}_{\mathrm{G}}(\tau) e^{-h\omega(t-\tau)} \sin\sqrt{1-h^2}\,\omega(t-\tau)\,d\tau \qquad (7.39)$$

この解析解をそのまま計算するよりは，式(7.26)を微小時間間隔で数値積分するほうが便利であり，多質点系にもそのまま応用できる．数値積分法としては，いくつかのものが提案されているが，ここでは多く使用されている「線形加速度法」を紹介する．

(1) 線形加速度法（linear acceleration method）

1 質点系の振動方程式

$$m\ddot{x} + c\dot{x} + kx = -m\ddot{x}_{\mathrm{G}} \qquad (7.40)$$

において，時刻 $t_n$ および $\Delta t$ 時刻進んだ $t_{n+1}$ において，建物変位などが $(x_n,\ \dot{x}_n,\ \ddot{x}_n,\ \ddot{x}_{\mathrm{G}n})$ および $(x_{n+1},\ \dot{x}_{n+1},\ \ddot{x}_{n+1},\ \ddot{x}_{\mathrm{G}(n+1)})$ であるとする．

微小区間 $\Delta t$ において，加速度が線形（直線状）であると仮定すると，次式が得られる．

$$\ddot{x} = \frac{\ddot{x}_{n+1} - \ddot{x}_n}{\Delta t}$$

この仮定から，前の時刻の状態量 $(x_n,\ \dot{x}_n,\ \ddot{x}_n)$ と $\ddot{x}_{n+1}$ により，つぎの時刻の状態量が以下のように表現できる．

$$\left.\begin{array}{l} \ddot{x}_{n+1} = \ddot{x}_{n+1} \\[4pt] \dot{x}_{n+1} = \dot{x}_n + \dfrac{1}{2}(\ddot{x}_n + \ddot{x}_{n+1})\Delta t \\[4pt] x_{n+1} = x_n + \dot{x}_n \Delta t + \dfrac{1}{6}(2\ddot{x}_n + \ddot{x}_{n+1})\Delta t^2 \end{array}\right\} \qquad (7.41)$$

式(7.41)を式(7.40)に代入し $\ddot{x}_{n+1}$ について解くと，

$$\ddot{x}_{n+1} = -\frac{\ddot{x}_{G(n+1)} + \dfrac{c}{m}\left(\dot{x}_n + \dfrac{1}{2}\ddot{x}_n \Delta t\right) + \dfrac{k}{m}\left(x_n + \dot{x}_n \Delta t + \dfrac{1}{3}\ddot{x}_n \Delta t^2\right)}{1 + \dfrac{1}{2}\dfrac{c}{m}\Delta t + \dfrac{1}{6}\dfrac{k}{m}\Delta t^2}$$

$$(7.42)$$

となり，これを式 (7.41) に代入すれば，既知の $n$ 時刻の状態量と $(n+1)$ 時刻の地動加速度を用いて，$(n+1)$ 時刻の状態量が求められることになる（図 7.18）.

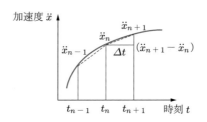

図 7.18　線形加速度法

　以上の関係を利用して，0 時刻における初期条件（通常は，変位，速度，加速度ともに 0）を設定して，以下，時間刻み $\Delta t$ ごとに計算を繰り返していけば，最終時刻までの応答量が計算できる．微小時間 $\Delta t$ としては，1/100 秒が用いられることが多い.

(2) 数値計算例

　質量 $m = 1000\,\mathrm{ton}$，剛性 $k = 3950\,\mathrm{kN/m}$，固有周期 $T = 1.0\,\mathrm{s}$ の 1 質点系に，地動として EL CENTRO 1940 NS（1940 年にアメリカのカリフォルニア州 EL CENTRO で記録された波）の地震波を最大加速度 $1.00\,\mathrm{m/s^2}$（$100\,\mathrm{cm/s^2}$）として入力した場合について，各種の応答量を図 7.19 に示す.

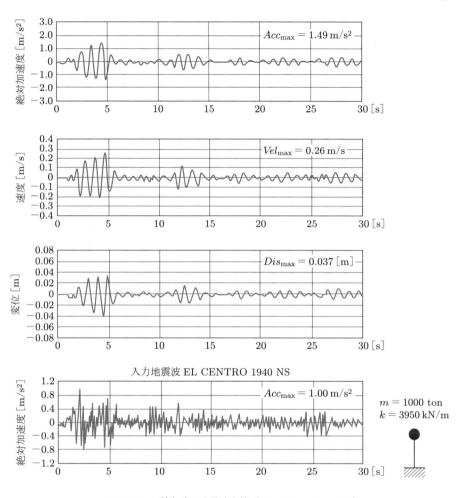

図 7.19 1 質点系の地震時応答 ($T = 1.0\,\mathrm{s}$, $h = 0.05$)

## 7.5 地動を受ける場合のエネルギー応答

1 質点系の運動方程式は，次式で与えられる．

$$m\ddot{x} + c\dot{x} + kx = -m\ddot{x}_\mathrm{G} \tag{7.43}$$

ここに，$x_\mathrm{G}$：地動変位 [m]

$x$：質点の相対変位 [m]

$m$：質量 [ton]

$k$：剛性 [kN/m]

$c$：減衰係数 [kN·s/m]

7.3.1 項の自由振動の場合と同様に，$\dot{x}$ を掛けて $t$ に関して積分すると，

$$\int m\ddot{x}\dot{x}\,dt + \int c\dot{x}^2 dt + \int kx\dot{x}\,dt = -\int m\ddot{x}_{\mathrm{G}}\dot{x}\,dt$$

$$\frac{1}{2}m\dot{x}^2 + \int c\dot{x}^2 dt + \frac{1}{2}kx^2 = -\int m\ddot{x}_{\mathrm{G}}\dot{x}\,dt \tag{7.44}$$

となる．この式はつぎのように解釈できる．

$$W_{\mathrm{k}} + W_{\mathrm{d}} + W_{\mathrm{e}} = E \tag{7.45}$$

$$\text{ここに，}\ W_{\mathrm{k}}：運動エネルギー\left(第1項：\frac{1}{2}m\dot{x}^2\right)$$

$$W_{\mathrm{d}}：減衰エネルギー\left(第2項：\int c\dot{x}^2\,dt\right)$$

$$W_{\mathrm{e}}：弾性ひずみエネルギー\left(第3項：\frac{1}{2}kx^2\right)$$

$$E：地震入力エネルギー\left(右辺：-\int m\ddot{x}_{\mathrm{G}}\dot{x}\,dt\right)$$

上式から，振動時に運動エネルギー，減衰エネルギー，弾性ひずみエネルギーの和は地震入力エネルギーと等しいことがわかる．結果として，式(7.24)の右辺が，地震入力エネルギーとなったことに相当する．

　地震時のエネルギー応答の様子を図7.20に示す．図に見られるように，全体応答

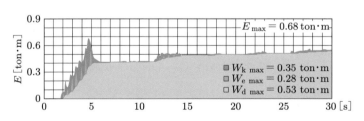

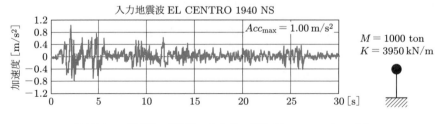

図7.20　1質点系の地震時エネルギー応答（$T = 1.0\,\mathrm{s}$, $h = 5\%$）

を支配しているものは減衰エネルギー $W_d$ であり，$W_k$ と $W_e$ は振動しながら値を入れ替えていることがわかる．

演習問題

7.1　問図 7.1 の質量 $m = 100\,\mathrm{ton}$ の 1 質点モデルにおいて，水平方向に力 $P = 100\,\mathrm{kN}$ を作用させたときに，水平変形 $\delta = 25\,\mathrm{mm}$ を生じた．

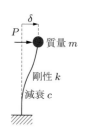

問図 7.1

   （1）　建物モデルの剛性 $k\,[\mathrm{kN/m}]$ の値を求めよ．

   （2）　このモデルの固有円振動数 $\omega$，固有振動数 $f$，固有周期 $T$ を求めよ．

   （3）　減衰定数 $h = 0.05$ の場合の減衰係数 $c$ の値を求めよ．

7.2　構造物の減衰の要因と身近に見られる減衰の例として，考えられるものを述べよ．

7.3　正弦波地動を受ける 1 質点の加速度の共振曲線において，共振時には加速度振幅の増幅率はほぼ $1/2h$ となり，$\omega_G/\omega = \sqrt{2}$ の場合には一定値 1.0 となることを示せ．

# 第8章 | 多質点系の振動応答解析

　第7章では1質点系の振動性状を学んだが，本章では多層建物を想定し，多質点系の振動モデルがどのような振動性状を示すかを学ぶ．振動方程式自体は，マトリクス表示を用いれば，1質点系も多質点系も見かけ上は同形式の振動方程式として表現できる現象である．しかし，多質点系の場合には，高次振動や高次振動モードなど，1質点系にはない要素も出てくることに注意する．

　多質点系の例として，主として2層建物を例題として説明するが，それ以上の多層になったとしても，質点数が増えるのみで本質的な事項は同じである．また，第5章で取り上げた5層のラーメン構造の振動モデルを作成し，その振動応答解析例を示す．骨組みモデルの静的解析より得られた情報が，どのように振動解析に用いられるかに注目してほしい．

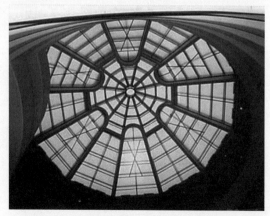

アメリカ・ニューヨーク〈グッゲンハイム美術館〉
吹き抜け上のドーム，フランク・ロイド・ライト設計（1937年開館）

## 8.1　多質点系の自由振動

　多層建物の振動応答解析を行うために，1質点系を縦に連ねた多質点系振動モデル（串団子モデルともよばれる）を考える．通常は，建物の1層に対して1質点を対応させ，10層建物では10質点とすることが多い．本章の説明や例示は主として2質点に対して行うが，多質点であれば何質点でも同じであるので，そのまま拡張して理解してほしい．また，剛性は弾性であり，線形（弾性）振動応答を対象とする．

### 8.1.1　多質点系の振動方程式

　図8.1のような，剛性 $k_i$（せん断ばね）をもつせん断型建物を考えてみる．2層建物を，質量を各階床位置に集中させた2質点系として考える．このとき，振動自由度としては，各質点に水平方向の1自由度のみを考えている．2質点では，当然各層の変位（$x_1$ と $x_2$）の2自由度となる．

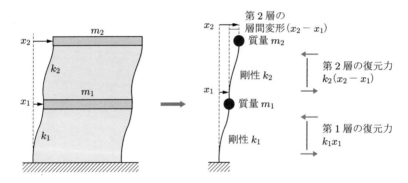

図8.1　2層建物と2質点系モデル

　第1層の復元力は $k_1 x_1$，第2層の復元力は $k_2(x_2 - x_1)$ であるので，力の釣り合いからつぎのようになる．なお，図8.1の復元力の方向は，層せん断力の逆向きを反力として考えている．

$$m_1\ddot{x}_1 = -k_1 x_1 + k_2(x_2 - x_1), \qquad m_2\ddot{x}_2 = -k_2(x_2 - x_1) \tag{8.1}$$

これを整理すると，次式となる．

$$\left.\begin{array}{l} m_1\ddot{x}_1 + (k_1 + k_2)x_1 - k_2 x_2 = 0 \\ m_2\ddot{x}_2 - k_2 x_1 + k_2 x_2 = 0 \end{array}\right\} \tag{8.2}$$

$$\begin{array}{l} \text{ここに，} x：\text{変位 [m]} \\ \qquad\quad \dot{x}：\text{速度 [m/s]} \end{array}$$

$\ddot{x}$：加速度 $[\mathrm{m/s^2}]$

$m$：質量 $[\mathrm{ton}]$

$k$：剛性（せん断ばね，$[\mathrm{kN/m}]$）

マトリクス表示とすると，つぎのように各質点の質量項は質量マトリクスと加速度の積となる．質量 $m_i$ を対角要素とする $[M]$ は，対角マトリクス（diagonal matrix）であり，質量マトリクス（mass matrix）とよばれる．

$$\begin{Bmatrix} m_1\ddot{x}_1 \\ m_2\ddot{x}_2 \end{Bmatrix} = \begin{bmatrix} m_1 & 0 \\ 0 & m_2 \end{bmatrix} \begin{Bmatrix} \ddot{x}_1 \\ \ddot{x}_2 \end{Bmatrix} = [M]\{\ddot{x}\} \tag{8.3}$$

ここに，質量マトリクス $[M] = \begin{bmatrix} m_1 & 0 \\ 0 & m_2 \end{bmatrix}$

復元力項は，$k_{11} = k_1 + k_2$，$k_{12} = k_{21} = -k_2$，$k_{22} = k_2$ を要素とする剛性マトリクスにより表現できる．

$$\begin{Bmatrix} P_1 \\ P_2 \end{Bmatrix} = \begin{bmatrix} k_{11} & k_{12} \\ k_{21} & k_{22} \end{bmatrix} \begin{Bmatrix} x_1 \\ x_2 \end{Bmatrix} \tag{8.4}$$

$$\{P\} = [K]\{x\} \tag{8.5}$$

ここに，剛性マトリクス $[K] = \begin{bmatrix} k_1 + k_2 & -k_2 \\ -k_2 & k_2 \end{bmatrix}$

質量マトリクスと剛性マトリクスを用いて，多質点系の減衰のない場合の自由振動の次式が得られる．この式は，1質点の場合の式(7.2)と同形式であることに着目してほしい．

$$[M]\{\ddot{x}\} + [K]\{x\} = \{0\} \tag{8.6}$$

## ▌8.1.2　固有円振動数と固有ベクトル

多質点系における非減衰自由振動の一般解は，各質点における定常振動の和からなる．したがって，式(8.6)を解く際に，各質点が一定の振動数で定常振動していると仮定し，解をつぎのようにおく．

$$\{x\} = \{u\}\sin\omega t \tag{8.7}$$

2質点の場合は，$x_1 = u_1 \sin\omega t$，$x_2 = u_2 \sin\omega t$ となる．

式(8.7)を式(8.6)に代入すると,

$$-\omega^2 [M]\{u\}\sin\omega t + [K]\{u\}\sin\omega t = \{0\}$$

となり, $\sin\omega t \neq 0$ なので, つぎのようになる.

$$-\omega^2 [M]\{u\} + [K]\{u\} = \{0\} \tag{8.8}$$

この式が, $\{u\} = \{0\}$ 以外の解をもつためには, その係数がつくる行列式が 0 でなければならない.

$$\left|-\omega^2 [M] + [K]\right| = 0 \tag{8.9}$$

式(8.9)を満足する $\omega$ と $u$ を求める問題は, 固有値問題 (eigenvalue problem) とよばれ, 多質点系では固有値解析プログラムにより計算される.

2 質点の場合には, 式(8.9)は固有円振動数 $\omega$ に関しての 4 次方程式となる. この式を解くと, $\omega = \pm_1\omega, \pm_2\omega$ の 4 個の解 (固有値, eigenvalue) が得られ, 正の値として $\omega = {}_1\omega, {}_2\omega$ の二つの固有円振動数が得られる. $\omega$ を小さいほうから順に ${}_1\omega, {}_2\omega$ とし, それぞれ 1 次固有円振動数, 2 次固有円振動数という.

1 質点の場合と同じように, 固有円振動数から固有周期が求められる.

$$1 \text{ 次固有周期} \quad {}_1T = \frac{2\pi}{{}_1\omega}, \qquad 2 \text{ 次固有周期} \quad {}_2T = \frac{2\pi}{{}_2\omega}$$

また, このときの各質点の振幅 ${}_1u, {}_2u$ をベクトル $\{{}_1u\}, \{{}_2u\}$ で表し, それぞれ 1 次, 2 次の固有ベクトル (eigen vector) という.

このように求められた固有振動数と固有ベクトルは, 質点系の振動特性を支配する非常に重要な要素である. また, $n$ 個の自由度がある系では, $n$ 個の固有円振動数が存在し, $n$ 次の固有ベクトルが存在する.

### ■8.1.3　固有ベクトルの直交性

固有ベクトルには直交性という重要な性質があり, 振動現象を理解し, 数式を簡略化するのに有用である. 左添え字を振動次数として表記して, $s$ 次と $r$ 次の振動次数について, 式(8.8)はつぎのようになる.

$$-{}_s\omega^2 [M]\{{}_su\} + [K]\{{}_su\} = \{0\} \tag{8.10}$$

$$-{}_r\omega^2 [M]\{{}_ru\} + [K]\{{}_ru\} = \{0\} \tag{8.11}$$

式(8.10)に前から $\{{}_ru\}^T$ を掛けて, 式(8.11)を転置して後ろから $\{{}_su\}$ を掛けて,

マトリクスの対称性を考慮して両式の差をとると，

$$(_s\omega^2 - {}_r\omega^2)\{_ru\}^T[M]\{_su\} = 0 \tag{8.12}$$

となる．ここで，$_s\omega^2 \neq {}_r\omega^2$ であるから，次式が成り立つ．

$$\{_ru\}^T[M]\{_su\} = 0 \quad (r \neq s) \tag{8.13}$$

また，式(8.10)に前から $\{_ru\}^T$ を掛けたものと式(8.13)より，

$$\{_ru\}^T[K]\{_su\} = 0 \quad (r \neq s) \tag{8.14}$$

となる．これらの式から，固有ベクトルは質量マトリクスおよび剛性マトリクスを介して直交していることがわかる．これらの性質を「固有ベクトルの直交性」という．

固有ベクトルが直交しているという性質を利用すると，任意の変位分布 $x$ を $n$ 次の固有ベクトルの和として定義することができる．

$$\{x\} = \sum_1^n \{_ru\}\,_rq(t) \tag{8.15}$$

ここに，$_rq(t)$：$r$ 次モードに対応する時刻関数

また，

$$\{1\} = \sum_1^n {}_r\beta\{_ru\} \tag{8.16}$$

とすると，左から $\{_su\}^T[M]$ を掛けて $\{_su\}^T[M]\{1\} = \sum_1^n {}_r\beta\{_su\}^T[M]\{_ru\}$ より，振動モードの直交条件式(8.13)を考慮すると，

$$_s\beta = \frac{\{_su\}^T[M]\{1\}}{\{_su\}^T[M]\{_su\}} \tag{8.17}$$

として，刺激係数 $_s\beta$ が定義される．

刺激係数は，各次の振動モードが地震動に対してどのような影響されやすさをもっているかを表すものである．また，刺激係数と振動モードの積 $_s\beta\{_su\}$ は $s$ 次の刺激関数とよばれる．

2 質点の場合には，式(8.15)は

$$\{x\} = \{_1u\}\,_1q(t) + \{_2u\}\,_2q(t) \tag{8.18}$$

となり，図 8.2 のようにイメージされる．また，刺激係数は次式で与えられる．

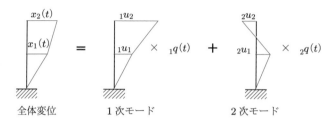

図 8.2　2 質点の振動モードと時刻関数

$$_1\beta = \frac{m_1 \cdot {_1}u_1 + m_2 \cdot {_1}u_2}{m_1 \cdot {_1}u_1{}^2 + m_2 \cdot {_1}u_2{}^2}, \qquad _2\beta = \frac{m_1 \cdot {_2}u_1 + m_2 \cdot {_2}u_2}{m_1 \cdot {_2}u_1{}^2 + m_2 \cdot {_2}u_2{}^2} \qquad (8.19)$$

$_1\beta$ と $_2\beta$ は，地動加速度の分布ベクトル $\{1\}$ を固有モードに展開した場合の係数に相当し，次式となる．

$$\{1\} = {_1}\beta\,\{{_1}u\} + {_2}\beta\,\{{_2}u\} \qquad (8.20)$$

## ■8.1.4　減衰をもつ多質点系の自由振動

2 質点系のモデルに減衰がある場合を考える．モデルとしては，図 8.1 に内部粘性減衰項が付加されたものを考える（図 8.3）．

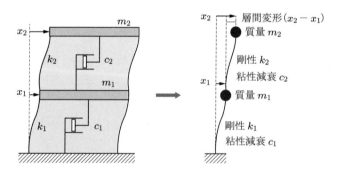

図 8.3　内部粘性減衰をもつ 2 層建物

$k_i$ に比例して各層の減衰係数 $c_i$ が与えられるとすると，減衰マトリクス $[C]$ は剛性マトリクス $[K]$ と同様の形式で表現されることになる．

図 8.3 より，各質点での釣り合い式を求めると，

$$m_1\ddot{x}_1 = -k_1 x_1 + k_2(x_2 - x_1) - c_1\dot{x}_1 + c_2(\dot{x}_2 - \dot{x}_1)$$
$$m_2\ddot{x}_2 = -k_2(x_2 - x_1) - c_2(\dot{x}_2 - \dot{x}_1)$$

となり，これを整理すると次式となる．

$$m_1\ddot{x}_1 + (c_1 + c_2)\dot{x}_1 - c_2\dot{x}_2 + (k_1 + k_2)x_1 - k_2x_2 = 0 \quad \left.\begin{array}{}\\\\\end{array}\right\}$$
$$m_2\ddot{x}_2 - c_2\dot{x}_1 + c_2\dot{x}_2 - k_2x_1 + k_2x_2 = 0$$

$$(8.21)$$

ここに，$x$：変位 [m]

$\dot{x}$：速度 [m/s]

$\ddot{x}$：加速度 [m/s$^2$]

$m$：質量 [ton]

$k$：剛性（ばね定数）[kN/m]

$c$：粘性減衰係数 [kNs/m]

これを剛性マトリクスと同様の形で減衰マトリクス $[C]$ を用いると，つぎのようにマトリクス表示できる．

$$\begin{bmatrix} m_1 & 0 \\ 0 & m_2 \end{bmatrix}\begin{Bmatrix} \ddot{x}_1 \\ \ddot{x}_2 \end{Bmatrix} + \begin{bmatrix} c_1 + c_2 & -c_2 \\ -c_2 & c_2 \end{bmatrix}\begin{Bmatrix} \dot{x}_1 \\ \dot{x}_2 \end{Bmatrix} + \begin{bmatrix} k_1 + k_2 & -k_2 \\ -k_2 & k_2 \end{bmatrix}\begin{Bmatrix} x_1 \\ x_2 \end{Bmatrix} = \begin{Bmatrix} 0 \\ 0 \end{Bmatrix}$$

$$(8.22)$$

すなわち，

$$[M]\{\ddot{x}\} + [C]\{\dot{x}\} + [K]\{x\} = \{0\} \tag{8.23}$$

となる．この表現は，1 質点系における式(7.10)と同じ形式であることがわかる．

## 8.1.5 剛性の評価

各階床位置に作用する水平力と変形の関係を考える．図 8.4 (a)に示すように，各質点に水平力 $P_i$ がはたらいた際に生じる変形を $x_i$ とする．この変形量は図(b)に示すように，それぞれの質点に単位変形（1.0）を与えた状態の重ね合わせとして考えることができる．

図 8.4 の各質点における力の釣り合いより，次式となる．

$$P_1 = k_{11}x_1 + k_{12}x_2, \qquad P_2 = k_{21}x_1 + k_{22}x_2 \tag{8.24}$$

ここに，$P_i$：$i$ 質点に作用する水平力 [kN]

$x_i$：$P_i$ が作用したときの変形 [m]

$k_{ij}$：$j$ 質点に単位変形を与えたときに $i$ 質点に加えるべき力 [kN/m]

この関係をマトリクス表示すると式(8.25)となる．

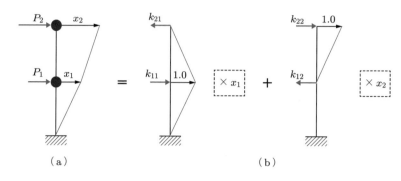

図 8.4　2 層建物の水平力と変形の関係

$$\begin{Bmatrix} P_1 \\ P_2 \end{Bmatrix} = \begin{bmatrix} k_{11} & k_{12} \\ k_{21} & k_{22} \end{bmatrix} \begin{Bmatrix} x_1 \\ x_2 \end{Bmatrix} \tag{8.25}$$

$$\{P\} = [K]\{x\} \tag{8.26}$$

ここに，剛性マトリクス $[K] = \begin{bmatrix} k_{11} & k_{12} \\ k_{21} & k_{22} \end{bmatrix}$

式 (8.26) の $\{P\}$ と $\{x\}$ は，それぞれ力と変位のベクトルである．$k_{ij}$ を元とするマトリクス $[K]$ は，剛性マトリクス（stiffness matrix）とよばれる．また，マクスウェル・ベティ（Maxwell-Betti）の相反作用定理から次式が成立する．

$$k_{ij} = k_{ji} \tag{8.27}$$

剛性マトリクスは，構造物の弾性的性質に応じて定まるものであるが，剛性マトリクスの作成方法により，せん断型モデル，等価せん断型モデル，曲げせん断型モデルに分けられる．

① 「せん断型モデル」は，これまで説明してきたモデルである．すなわち，$i$ 層の復元力が層間変形 $\delta_i$ のみにより与えられるものであり，層のせん断力（復元力）$Q_i$ は層剛性 $k_i$（ばね定数）により $Q_i = k_i \times \delta_i$ と表され，その反力が質点に作用する．2 質点の場合は，式 (8.5) に示した剛性マトリクスとなる．一般的な多質点モデルにおいては，せん断ばねが質点の上下層のみにつながっているので，せん断型モデルの剛性マトリクスは対角項とその両側のみに数値があり，それ以外は 0 となる 3 項対角マトリクスとなる．

② 「等価せん断型モデル」は，1 次モードに対応した層せん断力と層間変形の関係を用いて，等価なせん断剛性を計算したものである．静的解析結果より，簡便に作成できる等価せん断剛性を使用して，実構造物の地震時挙動を精度よく

近似できる解析モデルである. 8.3.1 項に等価せん断型モデルの作成例を示す.

③ 「曲げせん断型モデル」は，式(8.26)が一般化したもので，剛性マトリクスが $k_{ij}$ すべてが 0 以外の数値をもつフルマトリクス（full matrix）となる. この剛性マトリクスは，地震時には水平力以外の外力は作用しないので，鉛直外力とモーメント外力が 0 であるという条件を入れて，全体構造の剛性マトリクス（たとえば，図 5.10 参照）を水平成分のみに縮小することにより得られる. 8.3.3 項に曲げせん断型モデルの作成例を示す.

## 8.2 地震動を受ける多質点系の応答

多層建物が地震動を受ける場合には，多質点系としてモデル化し，各層に質量，剛性，減衰を定義する. 1 質点の場合と同様に，地動 $\ddot{x}_\mathrm{G}$ により質点加速度が $(\ddot{x}_\mathrm{G} + \ddot{x})$ に変化することを考慮する.

### 8.2.1 地震動を受ける多質点系の振動方程式

簡単なモデルとして，2 質点系モデルが地動を受ける場合を考える. モデルとしては，時刻 $t$ において図 8.5 のように地盤が $x_\mathrm{G}(t)$ だけ動き，地動加速度 $\ddot{x}_\mathrm{G}(t)$ を受けるものを考える.

図 8.5 より，各質点での釣り合いの式を求めると，

$$\left. \begin{aligned} m_1(\ddot{x}_1 - \ddot{x}_\mathrm{G}) &= -k_1 x_1 + k_2(x_2 - x_1) - c_1 \dot{x}_1 + c_2(\dot{x}_2 - \dot{x}_1) \\ m_2(\ddot{x}_2 - \ddot{x}_\mathrm{G}) &= -k_2(x_2 - x_1) - c_2(\dot{x}_2 - \dot{x}_1) \end{aligned} \right\} \quad (8.28)$$

となり，これを整理すると次式となる.

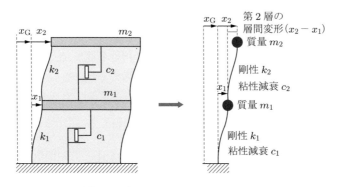

図 8.5　内部粘性減衰をもつ 2 層建物

$$
\left.\begin{aligned}
m_1\ddot{x}_1 + (c_1 + c_2)\dot{x}_1 - c_2\dot{x}_2 + (k_1 + k_2)x_1 - k_2x_2 = -m_1\ddot{x}_\mathrm{G} \\
m_2\ddot{x}_2 - c_2\dot{x}_1 + c_2\dot{x}_2 - k_2x_1 + k_2x_2 = -m_2\ddot{x}_\mathrm{G}
\end{aligned}\right\}
\tag{8.29}
$$

ここに，$\ddot{x}_\mathrm{G}$：地動加速度 $[\mathrm{m/s^2}]$

$\qquad x$：変位 $[\mathrm{m}]$

$\qquad \dot{x}$：速度 $[\mathrm{m/s}]$

$\qquad \ddot{x}$：加速度 $[\mathrm{m/s^2}]$

$\qquad m$：質量 $[\mathrm{ton}]$

$\qquad k$：剛性（ばね定数，$[\mathrm{kN/m}]$）

$\qquad c$：粘性減衰係数 $[\mathrm{kN \cdot s/m}]$

これをマトリクス表示すると，つぎのようになる．

$$
\begin{bmatrix} m_1 & 0 \\ 0 & m_2 \end{bmatrix}
\begin{Bmatrix} \ddot{x}_1 \\ \ddot{x}_2 \end{Bmatrix}
+
\begin{bmatrix} c_1 + c_2 & -c_2 \\ -c_2 & c_2 \end{bmatrix}
\begin{Bmatrix} \dot{x}_1 \\ \dot{x}_2 \end{Bmatrix}
+
\begin{bmatrix} k_1 + k_2 & -k_2 \\ -k_2 & k_2 \end{bmatrix}
\begin{Bmatrix} x_1 \\ x_2 \end{Bmatrix}
$$

$$
= -\ddot{x}_\mathrm{G}
\begin{bmatrix} m_1 & 0 \\ 0 & m_2 \end{bmatrix}
\begin{Bmatrix} 1 \\ 1 \end{Bmatrix}
\tag{8.30}
$$

すなわち，

$$
[M]\{\ddot{x}\} + [C]\{\dot{x}\} + [K]\{x\} = -\ddot{x}_\mathrm{G}[M]\{1\}
\tag{8.31}
$$

となる．この表現は，1 質点における式(7.26)と同じ形式である．

## 8.2.2 モーダルアナリシス

地動が作用する多自由度系に対して，モーダルアナリシス（modal analysis）とよばれる解析法がある．この解析法は，あらかじめその振動系の固有振動数と振動モードを求め，各振動モード間の正規化条件と直交条件を利用して，多自由度系の運動方程式を 1 自由度系の運動方程式に変換して簡便に解析を行う方法である．

図 8.5 の地動がはたらく場合の多質点振動系を考えると，基本式は前掲の式(8.31)で与えられる．

$$
[M]\{\ddot{x}\} + [C]\{\dot{x}\} + [K]\{x\} = -\ddot{x}_\mathrm{G}[M]\{1\}
\tag{8.31}
$$

また，2 質点系の場合の変位 $\{x\}$ は，振動モード $\{u\}$ と時刻関数 $q(t)$ の積として次式のように表現される（図 8.6 参照）．

$$
\{x\} = \{{}_1u\}\,{}_1q(t) + \{{}_2u\}\,{}_2q(t)
\tag{8.32}
$$

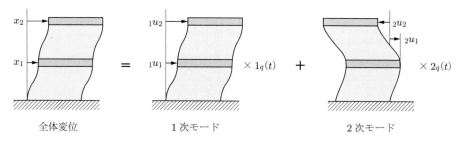

図 8.6　振動モード

これを式 (8.31) に代入すると，刺激係数 $\beta$ を用いて次式が求められる．

$$[M]\left[\{_1u\}\,_1\ddot{q}(t) + \{_2u\}\,_2\ddot{q}(t)\right] + [C]\left[\{_1u\}\,_1\dot{q}(t) + \{_2u\}\,_2\dot{q}(t)\right]$$

$$+ [K]\left[\{_1u\}\,_1q(t) + \{_2u\}\,_2q(t)\right]$$

$$= -\ddot{x}_{\mathrm{G}}[M]\{1\} = -\ddot{x}_{\mathrm{G}}[M]\left[_1\beta\,\{_1u\} + _2\beta\,\{_2u\}\right] \tag{8.33}$$

上式に左から $\{_iu\}^T$ を掛けると，$\{_su\}^T[M]\{_ru\} = 0$，$\{_su\}^T[K]\{_ru\} = 0$，$\{_su\}^T[C]\{_ru\} = 0$ の直交条件により，つぎのような二つのモードに対応した 1 質点系の方程式が得られる．

$$\left.\begin{array}{l}
_1M\,_1\ddot{q}(t) + _1C\,_1\dot{q}(t) + _1K\,_1q(t) = -\ddot{x}_{\mathrm{G1}}M_1\beta \\[2mm]
_2M\,_2\ddot{q}(t) + _2C\,_2\dot{q}(t) + _2K\,_2q(t) = -\ddot{x}_{\mathrm{G2}}M_2\beta
\end{array}\right\} \tag{8.34}$$

ここに，

$$\left.\begin{array}{l}
_iM = \{_iu\}^T[M]\{_iu\} = \displaystyle\sum_{r=1}^{2} m_r\,_iu^2{}_r \\[4mm]
_iC = \{_iu\}^T[C]\{_iu\} = \displaystyle\sum_{r=1}^{2}\sum_{s=1}^{2} c_{rs}\,_iu_r\,_iu_s \\[4mm]
_iK = \{_iu\}^T[K]\{_iu\} = \displaystyle\sum_{r=1}^{2}\sum_{s=1}^{2} k_{rs}\,_iu_r\,_iu_s
\end{array}\right\} \tag{8.35}$$

である．$_iM$，$_iC$，$_iK$ はそれぞれ $i$ 次の広義質量，広義減衰係数，広義ばね定数とよばれる．さらに，式 (8.34) を $_iM$ で割って変換すると，1 質点の場合の式 (7.27) と同様につぎの単純な式表現となる．

$$\left.\begin{array}{l}
_1\ddot{q}(t) + 2\,_1h_1\omega_1\,_1\dot{q}(t) + _1\omega^2\,_1q(t) = -_1\beta\ddot{x}_{\mathrm{G}} \\[2mm]
_2\ddot{q}(t) + 2\,_2h_2\omega_2\,_2\dot{q}(t) + _2\omega^2\,_2q(t) = -_2\beta\ddot{x}_{\mathrm{G}}
\end{array}\right\} \tag{8.36}$$

$$\text{ここに,}\ _i\omega^2 = \frac{_iK}{_iM}, \quad _ih = \frac{_iC}{2_iM_i\omega} \tag{8.37}$$

$$_i\omega：i 次の固有円振動数$$

$$_ih：i 次の減衰定数$$

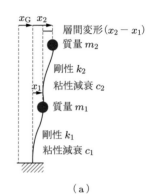

（a）

### 例題 8.1　2 質点系の固有値計算

　図(a)の 2 質点系の固有振動数，固有モード，刺激係数（刺激関数）を求めよ．ただし，振動モデルの定数はつぎのとおりとする．

- 質量 $m_1 = m_2 = 1.0 \times 10^2$ ton
- 剛性 $k_1 = 2.0 \times 10^3$ kN/m, $k_2 = 1.0 \times 10^3$ kN/m

### 解答

（1）固有振動数，固有モード，刺激係数を求める．

（固有振動数）

　式(8.9)の行列を 2 質点系で示すと，つぎのようになる．

$$\begin{vmatrix} k_{11} - \omega^2 m_1 & k_{12} \\ k_{21} & k_{22} - \omega^2 m_2 \end{vmatrix} = 0$$

$$m_1 m_2 \omega^4 - (k_{11} m_2 + k_{22} m_1)\omega^2 + k_{11} \cdot k_{22} - k_{12} \cdot k_{21} = 0$$

このとき，$k_{11} = k_1 + k_2$, $k_{12} = k_{21} = -k_2$, $k_{22} = k_2$ であり，数値を代入すると，特性方程式は次式となる．

$$10^4\omega^4 - 10^2(3.0+1.0)10^3\omega^2 + 3.0\times10^6 - 1.0\times10^6 = 0 \ \rightarrow \ \omega^4 - 40\omega^2 + 200 = 0$$

よって $_1\omega^2 = 5.86$, $_2\omega^2 = 34.1$ となり，$_1\omega = 2.42\,\text{rad/s}$, $_2\omega = 5.84\,\text{rad/s}$, $_1T = 2.60\,\text{s}$, $_2T = 1.08\,\text{s}$ である．

（固有モード：図(b)）

　式(8.8)より，$\begin{bmatrix} k_{11} - m_1{}_i\omega^2 & k_{12} \\ k_{21} & k_{22} - m_2{}_i\omega^2 \end{bmatrix} \begin{Bmatrix} _iu_1 \\ _iu_2 \end{Bmatrix} = 0$

$$\frac{_iu_2}{_iu_1} = \frac{-k_{11} + m_1{}_i\omega^2}{k_{12}} = \frac{k_{21}}{-k_{22} + m_2{}_i\omega^2}$$

となる. よって, つぎのようになる.

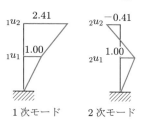

$$\frac{{}_1u_2}{{}_1u_1} = \frac{-3.0 \times 10^3 + 10^2 \times 5.86}{-1.0 \times 10^3} = \frac{2.41}{1.00}$$

$$\frac{{}_2u_2}{{}_2u_1} = \frac{-3.0 \times 10^3 + 10^2 \times 34.1}{-1.0 \times 10^3} = \frac{-0.413}{1.00}$$

（ｂ）2質点系の振動モード

（刺激係数）

式(8.19)より, つぎのようになる.

$${}_1\beta = \frac{1.00 + 2.41}{1.00 + 2.41^2} = 0.50, \qquad {}_2\beta = \frac{1.00 + (-0.413)}{1.00 + (-0.413)^2} = 0.50$$

（刺激関数）

$${}_1\beta \cdot {}_1u_1 = 0.50, \qquad {}_1\beta \cdot {}_1u_2 = 1.21$$

$${}_2\beta \cdot {}_2u_1 = 0.50, \qquad {}_2\beta \cdot {}_2u_2 = -0.21$$

また, 刺激関数の和はつぎの関係が成り立っていることを確認できる.

$${}_1\beta \cdot \{{}_1u\} + {}_2\beta \cdot \{{}_2u\} = \{1\}$$

$$\begin{Bmatrix} 0.50 + 0.50 \\ 1.21 - 0.21 \end{Bmatrix} = \begin{Bmatrix} 1.00 \\ 1.00 \end{Bmatrix}$$

### 8.2.3 モーダルアナリシスの応答計算例

1質点系の時刻歴応答解析による応答値の重ね合わせが, 時刻歴応答解析による応答値に等しいことを, 例題8.1の2質点系モデルを用いて確認する（図8.7）.

図8.7 2質点系モデル

（1）2質点系モデル

質量, 減衰, 剛性は,

$${}_1M = \{{}_1u\}^T [M] \{{}_1u\}, \qquad {}_2M = \{{}_2u\}^T [M] \{{}_2u\} \qquad (8.38)$$

$${}_ih = \frac{{}_i\omega}{{}_1\omega} {}_1h \qquad (8.39)$$

$${}_1K = {}_1\omega^2{}_1M, \qquad {}_2K = {}_2\omega^2{}_2M \tag{8.40}$$

により算出する．${}_1h = 0.05$ とすると，${}_2h = 0.12$ となる．

(2) 時刻歴応答解析結果

2質点系に対して，直接積分により解析を行った時刻歴応答解析結果による各層の変位を示す．第1層の最大値は 5.67 秒に 0.086 m，第2層の最大値は 5.79 秒に 0.242 m となっている．図 8.8 に見られるように，第2質点に最大変位が生じる 5.79 秒では，$x_2 = 0.242$ m，$x_1 = 0.082$ m である．

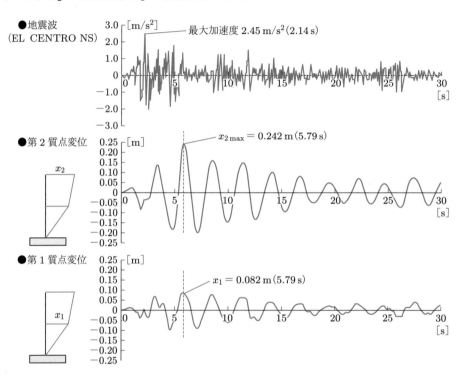

図 8.8　2質点系の変位応答の時刻暦波形

(3) モーダルアナリシスによる解析

等価な1質点系における時刻歴応答解析結果から，モーダルアナリシス（モードの重ね合わせ）により算出した各層の変位を示す．

このモーダルアナリシスの 5.79 秒の変位応答値を全体解析と比較すると，同じ値となっている（図 8.8〜8.12）．

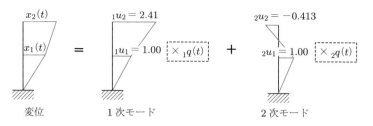

図 8.9　2 質点系モデルのモード分解

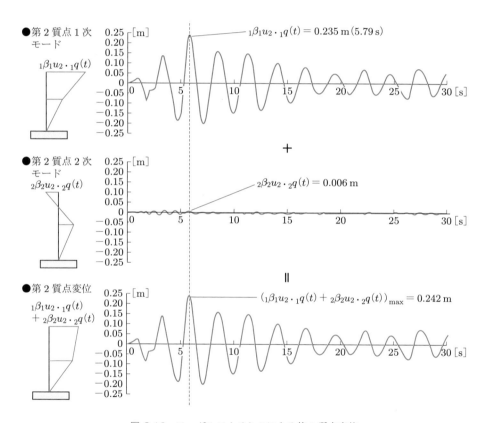

図 8.10　モーダルアナリシスによる第 2 質点変位

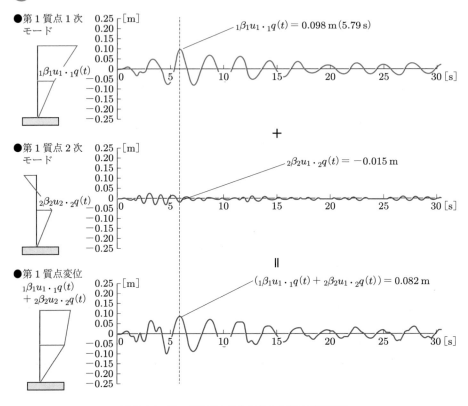

図 8.11　モーダルアナリシスによる第 1 質点変位

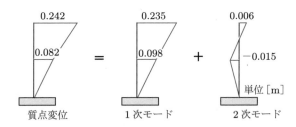

図 8.12　モーダルアナリシスの結果（5.79 s）

## 8.3　5 層建物の振動解析

　本節では，5.4 節の「マトリクス法による骨組み解析の例」に使用した 5 層ラーメン構造を対象とし，振動応答解析例を示す．

## 8.3.1　等価せん断型モデルの作成

5層のラーメン構造建物を，5質点系の等価せん断型振動系にモデル化する．図 8.13 において，$m_i$ は質量 [ton]，$k_i$ はせん断ばね [kN/m]，$c_i$ は粘性減衰係数 [kNs/m] である．各階の質量を 180 ton とし，鉄筋コンクリート構造であるので減衰定数 $_1h$ を 0.05 と仮定して $c_i = (2_1h/_1\omega)k_i$ により減衰係数を定める．

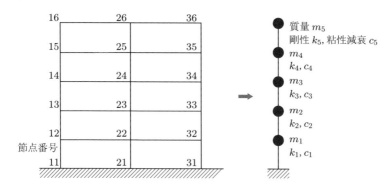

図 8.13　5層建物モデル

(1)　等価せん断ばね

等価せん断ばね $k_i$ [kN/m] は

$$k_i = \frac{Q_i}{\delta_i} \tag{8.41}$$

ここに，$Q_i$：層せん断力 [kN]

$\delta_i$：層間変形 [m]

として計算される．5.3.2 項の計算結果から，式(8.41)により求めた各層の等価せん断ばねの値を表 8.1 に示す．

(2)　剛性マトリクス

等価せん断ばねを剛性要素として，式(8.2)によりつぎの剛性マトリクスが求められる．単位は，$\times 10^2$ [kN/m] である．

この剛性マトリクスは，式(8.26)が 5 質点に拡大された形であり，せん断ばねは上下層の変形のみと関係するため，マトリクスは 3 項の対角マトリクスとなり，3 項以外の係数値は 0 となる．

(3)　固有周期と固有モード

固有値解析により，以下のように固有値（固有円振動数 $\omega$ と固有周期 $T$）および固有振動モード $u$ が求められる．また，式(8.17)により計算される刺激係数 $\beta$ も示して

表 8.1　等価せん断ばね

| 階数 | 集中荷重 $P$ [kN] | 層せん断力 $Q$ [kN] | 水平変位 $D \times 10^{-2}$ [m] | 層間変形 $\delta \times 10^{-2}$ [m] | 等価せん断ばね $k \times 10^2$ [kN/m] |
|---|---|---|---|---|---|
| 5 | 500. | 500. | 3.89 (1.00) | 0.50 | 1000. |
| 4 | 400. | 900. | 3.39 (0.87) | 0.78 | 1150. |
| 3 | 300. | 1200. | 2.61 (0.67) | 0.99 | 1210. |
| 2 | 200. | 1400. | 1.62 (0.42) | 1.03 | 1360. |
| 1 | 100. | 1500. | 0.59 (0.15) | 0.59 | 2540. |

注）水平変位の（　）内の値は，頂部変位に対する比率を示す.

| 剛性マトリクス | 5 | 4 | 3 | 2 | 1 |
|---|---|---|---|---|---|
| (16X) | 1000. | −1000. | 0. | 0. | 0. |
| (15X) | −1000. | 2150. | −1150. | 0. | 0. |
| (14X) | 0. | −1150. | 2360. | −1210. | 0. |
| (13X) | 0. | 0. | −1210. | 2570. | −1360. |
| (12X) | 0. | 0. | 0. | −1360. | 3900. |

あり，モード $u$ と $\beta$ の積 $\beta u$ は各次の振動モードの揺れやすさを表す重要な値である（図 8.14）.

（固有周期とモード）

| | 重量 $W$ (kN) | 質量 $M$ (ton) | せん断ばね $k \times 10^2$ (kN/m) | 1 次モード 1 | 2 次モード 2 | 3 次モード 3 | 4 次モード 4 | 5 次モード 5 |
|---|---|---|---|---|---|---|---|---|
| 5 | 1764 | 180 | 1000 | 1.0000 | 1.0000 | 1.0000 | 1.0000 | 1.0000 |
| 4 | 1764 | 180 | 1150 | 0.8773 | 0.0486 | −1.2551 | −2.6722 | −3.9791 |
| 3 | 1764 | 180 | 1210 | 0.6773 | −0.8189 | −0.7548 | 2.6663 | 8.9197 |
| 2 | 1764 | 180 | 1360 | 0.4186 | −0.9993 | 1.1277 | −0.3505 | −15.5275 |
| 1 | 1764 | 180 | 2540 | 0.1507 | −0.4609 | 0.9324 | −2.0882 | 19.5679 |
| | | 円振動数 OMEGA | | 8.2510 | 22.990 | 35.400 | 45.1600 | 52.590 |
| | | 固有周期 T (SEC) | | 0.7615 | 0.2733 | 0.1775 | 0.1391 | 0.1195 |
| | | 刺激係数 BETA | | 1.2870 | −0.4267 | 0.1987 | −0.0732 | 0.0139 |

（刺激関数 $\beta u$）

| BETA*U | 1 | 2 | 3 | 4 | 5 |
|---|---|---|---|---|---|
| 16X | 1.2870 | −0.4267 | 0.1987 | −0.0732 | 0.0139 |
| 15X | 1.1300 | −0.0207 | −0.2494 | 0.1956 | −0.0551 |
| 14X | 0.8721 | 0.3494 | −0.1499 | −0.1952 | 0.1236 |
| 13X | 0.5390 | 0.4265 | 0.2240 | 0.0257 | −0.2151 |
| 12X | 0.1940 | 0.1967 | 0.1852 | 0.1529 | 0.2711 |

（1 次から 5 次の $\beta u$）

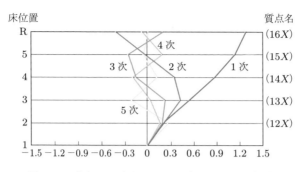

図 8.14　等価せん断型モデルの固有振動モード（$\beta u$）

## ■8.3.2　等価せん断型モデルの応答結果

8.3.1 項に示した鉄筋コンクリート構造 5 質点の等価せん断型モデルに，地震波として EL CENTRO 波を，最大値 $1.00\,\mathrm{m/s^2}$ として入力した．モデルの 1 次固有周期は 0.76 秒であり，減衰定数 $h = 0.05$ とし，計算時間 30 秒として応答解析を行った．

得られた応答値の 30 秒間の時刻歴応答を，加速度（絶対加速度 $= \ddot{x} + \ddot{x}_\mathrm{G}$），速度（相対速度 $= \dot{x}$），変位（相対変位 $= x$）について，それぞれ図 8.15〜8.17 に示す．また，各応答量の最大値を，その発生時刻とともに表 8.2 に示す．この例では，最大値は 2.2〜2.8 秒の間に生じている．

加速度値は，1 階床位置で $1.00\,\mathrm{m/s^2}$ の地震入力があったのに対して，2 階床から上階へいくに従い大きくなり，R 階床では $2.41\,\mathrm{m/s^2}$ と 2.4 倍になっている．また，層せん断力は（層間変形 × 等価せん断ばね）として求められ，層間変形に比例する量である．

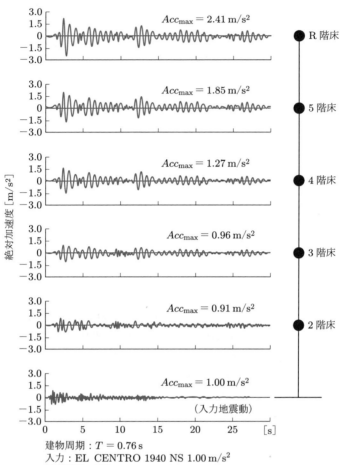

建物周期：$T = 0.76\,\mathrm{s}$
入力：EL CENTRO 1940 NS $1.00\,\mathrm{m/s^2}$
減衰定数：5%

図 8.15　各質点（各階床）の絶対加速度の時刻歴応答

表 8.2　等価せん断型モデルの最大応答値　　（　）内は発生時刻 [s]

| 床位置 | 相対変位 $\times 10^{-2}$ [m] | 層間変形 $\times 10^{-2}$ [m] | 層せん断力 [kN] | 相対速度 $\times 10^{-2}$ [m/s] | 絶対加速度 $\times 10^{-2}$ [m/s²] |
|---|---|---|---|---|---|
| R | 3.15　(2.73 s) | 0.43　(2.32 s) | 429　(2.32 s) | 25.8　(2.18 s) | 241　(2.31 s) |
| 5 | 2.74　(2.73 s) | 0.65　(2.31 s) | 748　(2.31 s) | 22.7　(2.18 s) | 185　(2.29 s) |
| 4 | 2.10　(2.73 s) | 0.80　(2.74 s) | 971　(2.74 s) | 17.7　(2.52 s) | 143　(2.60 s) |
| 3 | 1.30　(2.72 s) | 0.83　(2.73 s) | 1130　(2.73 s) | 12.5　(2.52 s) | 108　(2.57 s) |
| 2 | 0.48　(2.71 s) | 0.48　(2.71 s) | 1210　(2.71 s) | 5.0　(2.49 s) | 91　(2.16 s) |

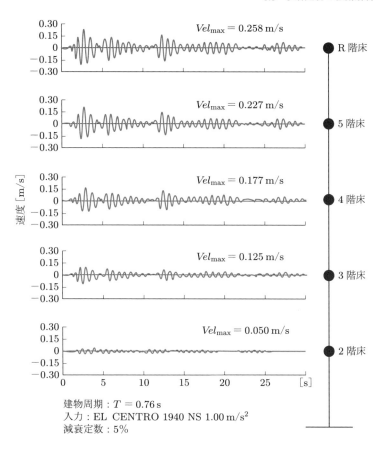

図 8.16　各質点（各階床）の相対速度の時刻歴応答

## ▌8.3.3　曲げせん断型モデルの作成

　曲げせん断型モデルは，剛性がせん断型の復元力ではなく，フルマトリクスとして与えられる．この剛性マトリクスの計算は，5.4.3 項（8）に示した $35 \times 35$ の剛性マトリクスを，水平変位のみの $5 \times 5$ の剛性マトリクスに縮小してやればよい．縮小の手段は，鉛直外力と曲げモーメント外力は地震時には作用しないので，それらを 0 とする条件から鉛直変位と回転角を消去する．

　別の手法として，各節点に単位水平力を作用させて各節点の水平変位を求めて，それよりとう性（撓性）マトリクス（flexibility matrix）を作成し，その逆マトリクスより剛性マトリクス（stiffness matrix）を求める方法がある．ここでは，とう性マトリクスを求め，その逆マトリクスから剛性マトリクスを求めた．

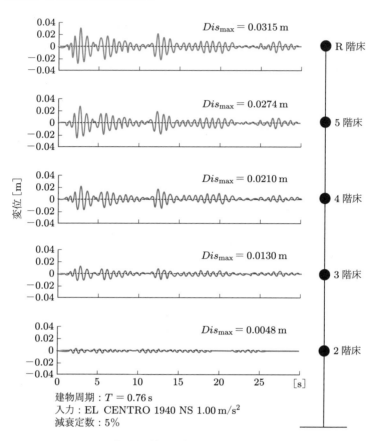

図 8.17　各質点（各階床）の相対変位の時刻歴応答

(1) とう性マトリクス（単位：m/kN）

|  | 5 | 4 | 3 | 2 | 1 |
|---|---|---|---|---|---|
| $(16X)$ | <u>.3658E$-$04</u> | .2920E$-$04 | .2060E$-$04 | .1193E$-$04 | .4166E$-$05 |
| $(15X)$ | .2920E$-$04 | <u>.2650E$-$04</u> | .1986E$-$04 | .1174E$-$04 | .4132E$-$05 |
| $(14X)$ | .2060E$-$04 | .1986E$-$04 | <u>.1744E$-$04</u> | .1115E$-$04 | .4032E$-$05 |
| $(13X)$ | .1193E$-$04 | .1174E$-$04 | .1115E$-$04 | <u>.9029E$-$05</u> | .3679E$-$05 |
| $(12X)$ | .4166E$-$05 | .4132E$-$05 | .4032E$-$05 | .3679E$-$05 | <u>.2360E$-$05</u> |

(2) 剛性マトリクス（単位：kN/m）

|  | 5 | 4 | 3 | 2 | 1 |
|---|---|---|---|---|---|
| (16X) | .2674E+06 | −.4028E+06 | .1624E+06 | −.3332E+05 | .7596E+04 |
| (15X) | −.4028E+06 | .9012E+06 | −.6800E+06 | .2197E+06 | −.4761E+05 |
| (14X) | .1624E+06 | −.6800E+06 | .1040E+07 | −.7105E+06 | .2352E+06 |
| (13X) | −.3332E+05 | .2197E+06 | −.7105E+06 | .1055E+07 | −.7566E+06 |
| (12X) | .7596E+04 | −.4761E+05 | .2352E+06 | −.7566E+06 | .1271E+07 |

**参考 とう性マトリクスと剛性マトリクス**

図 8.18 の各質点における変形の釣り合いより，

$$x_1 = \alpha_{11}P_1 + \alpha_{12}P_2, \qquad x_2 = \alpha_{21}P_1 + \alpha_{22}P_2 \tag{8.42}$$

となる．この関係をマトリクス表示すると式(8.43)となる．

$$\begin{Bmatrix} x_1 \\ x_2 \end{Bmatrix} = \begin{bmatrix} \alpha_{11} & \alpha_{12} \\ \alpha_{21} & \alpha_{22} \end{bmatrix} \begin{Bmatrix} P_1 \\ P_2 \end{Bmatrix} \tag{8.43}$$

$$\{x\} = [\alpha]\{P\} \tag{8.44}$$

ここに，とう性マトリクス $[\alpha] = \begin{bmatrix} \alpha_{11} & \alpha_{12} \\ \alpha_{21} & \alpha_{22} \end{bmatrix}$

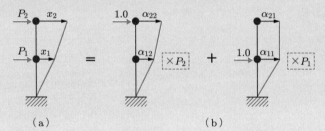

$P_i$：$i$ 質点に作用する水平力 [kN]
$x_i$：$P_i$ が作用したときの変形 [m]
$\alpha_{ij}$：$j$ 質点に単位水平力を与えたときに $i$ 質点に生じる変位 [m]

図 8.18 2層建物の水平力と変形の関係

式(8.44)の $\{P\}$ と $\{x\}$ は，それぞれ力と変位のベクトルである．$\alpha_{ij}$ を元とするマトリクス $[\alpha]$ は，とう性マトリクスとよばれる．

剛性マトリクスととう性マトリクスの間には，つぎの関係がある．

$$[K] = [\alpha]^{-1} \qquad [K][\alpha] = \{1\} \tag{8.45}$$

(3) 固有周期と振動モード

　以下に，曲げせん断型モデルの固有周期の計算結果を示す．表 8.3 に等価せん断型モデルとの比較を示す．1 次固有周期はよく一致しているが，高次になるに従い差が大きくなる．これは，等価せん断型モデルでは上下層の影響のみを考慮しているため高次周期の計算値が大きく評価されているためである．

表 8.3　固有周期の比較

| 固有周期 [s] | 1 次 | 2 次 | 3 次 | 4 次 | 5 次 |
|---|---|---|---|---|---|
| 等価せん断型モデル | 0.762 | 0.273 | 0.178 | 0.139 | 0.120 |
| 曲げせん断型モデル | 0.761 | 0.228 | 0.116 | 0.072 | 0.053 |
| 等価/曲げ | 1.00 | 1.20 | 1.53 | 1.93 | 2.26 |

　それでは，なぜ等価せん断型モデルと曲げせん断型モデルの 1 次固有周期が等しいのであろうか．これは，曲げせん断型モデルの 1 次モードの $u$ 値と，表 8.1 に示した等価せん断ばねを計算した水平変位 $D$ の値が似ているためである．

　すなわち，曲げせん断型モデルの 1 次モードに近い変形状態のせん断ばねを用いて計算しているので，結果として等価せん断型モデルの 1 次固有周期が曲げせん断型と等しくなるが，2 次モード以上ではしだいに精度が悪くなっている（図 8.19）．

（曲げせん断型モデルの固有周期と振動モード）

| 質量 (ton) | 質点変位 JOINT D | 1 次モード 1 | 2 次モード 2 | 3 次モード 3 | 4 次モード 4 | 5 次モード 5 |
|---|---|---|---|---|---|---|
| 180 | 5) 16X | 1.0000 | 1.0000 | 1.0000 | 1.0000 | 1.0000 |
| 180 | 4) 15X | 0.8735 | 0.0747 | −1.0907 | −2.2766 | −3.1085 |
| 180 | 3) 14X | 0.6738 | −0.8101 | −0.9584 | 1.4478 | 4.7325 |
| 180 | 2) 13X | 0.4172 | −1.0499 | 0.9876 | 0.9238 | −5.0568 |
| 180 | 1) 12X | 0.1518 | −0.5357 | 1.2278 | −2.4494 | 4.1869 |
| 円振動数 | OMEGA | 8.2530 | 27.5600 | 54.1400 | 87.2500 | 117.600 |
| 固有周期 | T (SEC) | 0.7613 | 0.2280 | 0.1161 | 0.0720 | 0.0534 |
| 刺激係数 | BETA | 1.2909 | −0.4330 | 0.2086 | −0.0895 | 0.0230 |

（刺激関数 $\beta u$）

| BETA*U | 1 | 2 | 3 | 4 | 5 |
|---|---|---|---|---|---|
| 5) 16X | 1.2909 | −0.4330 | 0.2086 | −0.0895 | 0.0230 |
| 4) 15X | 1.1280 | −0.0324 | −0.2275 | 0.2039 | −0.0716 |
| 3) 14X | 0.8698 | 0.3508 | −0.2000 | −0.1296 | 0.1090 |
| 2) 13X | 0.5385 | 0.4546 | 0.2061 | −0.0827 | −0.1165 |
| 1) 12X | 0.1960 | 0.2320 | 0.2562 | 0.2194 | 0.0965 |

（1 次から 5 次の $\beta u$）

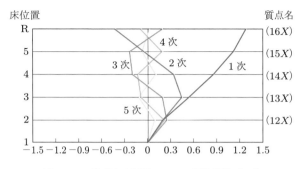

図 8.19　曲げせん断型モデルの刺激関数（$\beta u$）

## ■8.3.4　曲げせん断型モデルの応答結果

　曲げせん断型モデルに，等価せん断型モデルと同様に EL CENTRO 波を $1.0\,\mathrm{m/s^2}$ として入力した．応答結果の時刻歴を図 8.20 に，最大応答値を表 8.4 に示す．等価せん断型モデルの最大応答値（表 8.2）と比較すると，ほぼ同様の値であることがわかる．これは，両モデルの 1 次固有周期が同じであり，建物の地震応答が 1 次固有周期に支配されているときには，高次周期に多少の差異があっても，ほぼ同じ応答値となることを示している．

表 8.4　曲げせん断型モデルの最大応答値

（　）内は発生時刻 [s]

| 床位置 | 相対変位 $\times 10^{-2}$ [m] | 層間変形 $\times 10^{-2}$ [m] | 層せん断力 [kN] | 相対速度 $\times 10^{-2}$ [m/s] | 絶対加速度 $\times 10^{-2}$ [m/s²] |
|---|---|---|---|---|---|
| R | 3.10　(2.74 s) | 0.42　(2.31 s) | 445　(2.30 s) | 26.2　(2.19 s) | 247　(2.30 s) |
| 5 | 2.74　(2.74 s) | 0.61　(2.31 s) | 748　(2.30 s) | 22.7　(2.19 s) | 185　(2.72 s) |
| 4 | 2.14　(2.74 s) | 0.79　(2.74 s) | 967　(2.72 s) | 17.3　(2.19 s) | 162　(2.74 s) |
| 3 | 1.34　(2.74 s) | 0.85　(2.74 s) | 1175　(2.72 s) | 11.3　(2.51 s) | 118　(2.74 s) |
| 2 | 0.50　(2.74 s) | 0.50　(2.74 s) | 1279　(2.73 s) | 4.5　(2.49 s) | 87　(2.16 s) |

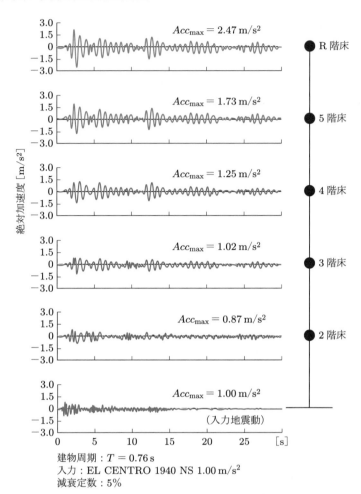

図 8.20 各質点(各床位置)の絶対加速度の時刻歴応答(曲げせん断型モデル)

建物周期:$T = 0.76\,\mathrm{s}$
入力:EL CENTRO 1940 NS $1.00\,\mathrm{m/s^2}$
減衰定数:5%

演習問題

8.1 [固有振動数と振動モード] 2 質点系の固有振動数,固有周期,振動モードを求めよ.ただし,質量 $m_1 = m_2 = 1.0 \times 10^2\,\mathrm{ton}$,剛性 $k_1 = 3.0 \times 10^4\,\mathrm{kN/m}$,$k_2 = 2.0 \times 10^4\,\mathrm{kN/m}$ とする.

8.2 [とう性マトリクスと剛性マトリクス] 8.3.3 項におけるとう性マトリクスと剛性マトリクスは,互いに逆マトリクスであるから,その積は単位マトリクスとなることを確認せよ.

8.3 [モードの直交性] 8.2.2 項で説明した質量および剛性を介してのモードの直交性を,8.3.3 項の振動モードを用いて確認せよ.

# 演習問題解答

## 第2章

**2.1** ① C点の支点をはずして静定構造物とする.

② 静定構造物の変形（支点部C点の $\delta_0$）と応力 $M_0$, $Q_0$ の計算を行う. $\delta_0$ は「付録2aの①」より算定する（解図2.1（a））.

$$\delta_0 = \frac{PL^3}{3EI}\left(1 - \frac{3x}{2L} + \frac{x^3}{2L^3}\right)$$

C点 $(x = L/3)$ での変形は，つぎのようになる.

$$\delta_0 = \frac{14P}{27}\cdot\frac{L^3}{3EI} = \frac{280L^3}{81EI}$$

部材応力は解図(b)に示す.

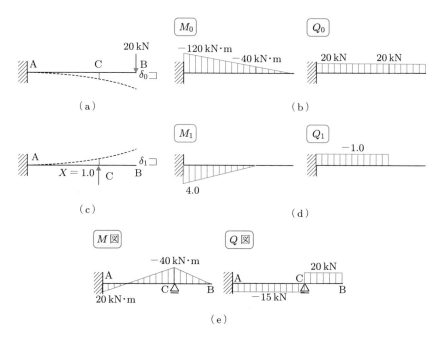

解図 2.1

③　支点反力 $X$ を仮定する（解図(c)）

④　単位反力（$X = 1.0$）時の変形 $\delta_1$ と応力 $M_1$, $Q_1$ の計算を行う.

$$\delta_1 = -\frac{X \cdot \left(\frac{2}{3}L\right)^3}{3EI} = -\frac{8}{81} \cdot \frac{L^3}{EI}$$

部材応力は解図(d)に示す.

⑤　変形の適合条件から，$\delta_0 + X\delta_1 = 0$ より $X$ を算定する.

$$\frac{280L^3}{81EI} - X\frac{8L^3}{81EI} = 0 \ \rightarrow \ X = 35\,\text{kN}$$

⑥　静定部材応力②の部材応力と④の部材応力の $X$ 倍を足し合わせる. 応力はつぎのように求められ，解図(e)に示す.

$$M_A = -120 + 35 \times 4.0 = 20\,\text{kN·m}, \qquad Q_A = 20 - 35 \times 1.0 = -15\,\text{kN}$$

$$Q_C = 20 + (-35) = -15\,\text{kN}, \qquad Q_B = 20 + 0 = 20\,\text{kN}$$

2.2　①　静定基本形の設定：B 点のローラー支点を取り除き，静定構造物とする. $\delta_0$ は「付録 2b の②」から算定する（解図 2.2 (a)）.

$a = 2L/3$, $b = L/3$, $x = L/2$ とすると，右の $P$ による中央部変形は $\delta_0 = 23P_0L^3/(1296EI)$ となり，左側の $P$ を考慮して 2 倍にすると次式が得られる.

$$\delta_0 = \frac{23P_0L^3}{648EI} \quad (\text{ここに，} P_0 = 35\,\text{kN})$$

②　単位反力を作用させる.

$$\delta_1 = \frac{P_1 l^3}{48EI} \quad (\text{ここに，} P_1 = 1.0)$$

③　変形適合

$$\delta_0 + X\delta_1 = 0 \ \rightarrow \ X = -\frac{48EI}{L^3} \cdot \frac{23P_0L^3}{648EI} = -\frac{46}{27}P_0 = -60\,\text{kN} \quad (\text{上向き})$$

④　応力図（解図(b)）

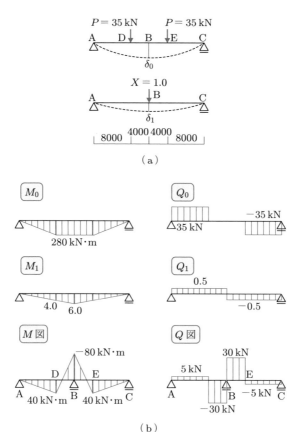

解図 2.2

2.3　①　B 点の支点をはずして静定構造物とする.
　②　静定構造物の変形（支点部 B 点の $\delta_0$）と応力 $M_0$, $Q_0$ の計算を行う. $\delta_0$ は「付録 2a の④」から算定する（解図 2.3 (a)）.

$$\delta_0 = \frac{wL^4}{30EI}$$

部材応力は固定点 A 点で,「付録 1a の④」から算定する（解図(b)）.

$$M_0 = -\frac{wL^2}{6}, \qquad Q_0 = \frac{wL}{2}$$

　③　支点反力 $X$ を仮定する（解図(c)）
　④　単位反力（$X = 1.0$）時の変形 $\delta_1$ と応力 $M_1$, $Q_1$ の計算を行う（解図(d)）.

$$\delta_1 = \frac{L^3}{3EI}$$

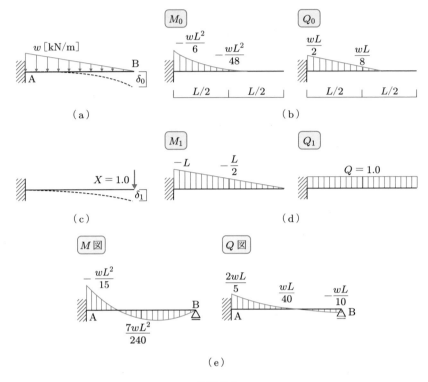

解図 2.3

部材応力は固定点 A 点で,

$$M_1 = -L, \qquad Q_1 = 1.0$$

⑤ 変形の適合条件から, $\delta_0 + X\delta_1 = 0$ より $X$ を算定する.

$$\frac{wL^4}{30EI} + \frac{XL^3}{3EI} = 0 \ \rightarrow \ X = -\frac{wL}{10}$$

⑥ 静定部材応力②の部材応力と④の部材応力の $X$ 倍を足し合わせる. 固定点 A 点の応力は,

$$M = -\frac{1}{6}wL^2 + \frac{1}{10}wL \times L = -\frac{wL^2}{15}, \qquad Q = \frac{1}{2}wL - \frac{1}{10}wL \times 1.0 = \frac{2wL}{5}$$

となり, ほかの位置でも同様の計算を行うと, 解図 (e) の $M$ 図と $Q$ 図のような応力が得られる. なお, 最大曲げモーメントは, $Q = 0$ の点で生じるので, 右より $0.45L$ の位置で最大曲げモーメント $M_{\max} = 0.031wL^2$ となる.

2.4 梁を AB 梁と CD 梁に切り離してそれぞれ単純梁とする. それぞれの梁には荷重 $P_1$ と $P_2$ が作用しているとする.

① 中央 E 点の変形は, $\delta_0$ は「付録 2b の①」から算定すると, つぎのようになる.

$$\delta_1 = \frac{P_1 L_1{}^3}{48EI}, \qquad \delta_2 = \frac{P_2 L_2{}^3}{48EI}$$

② それぞれの梁の部材応力は，単純梁として求められる．

③ 力の釣り合い条件：作用荷重 $P$ は $P_1$ と $P_2$ に分かれるから，$P = P_1 + P_2$ となる．

④ 変形の適合条件：E 点で二つの梁は重なり合っているから，E 点での変形量は同じである．すなわち，$\delta_1 = \delta_2$．

⑤ 上記より，

$$\frac{P_1 L_1{}^3}{48EI} = \frac{P_2 L_2{}^3}{48EI}, \qquad P_2 = \left(\frac{L_1}{L_2}\right)^3 P_1 = \left(\frac{18.0}{6.0}\right)^3 P_1 = 27 P_1$$

となり，$P_1 + 27P_1 = 84$ より，

$$P_1 = 3\,\mathrm{kN}, \qquad P_2 = 81\,\mathrm{kN}$$

となる．これより解図 2.4 の $M$ 図と $Q$ 図を作成できる．

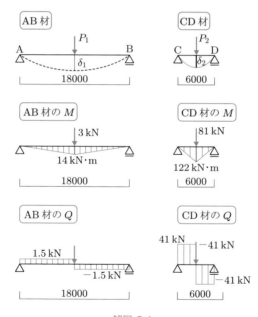

解図 2.4

# 第 3 章

3.1 基本条件は $\varphi_\mathrm{B} = 0$，$\psi = 0$ であり，$\varphi_\mathrm{A}$ は他端ピンの条件により考慮しなくてよい．

① 固定端モーメント（付録 3 より）

$$C_\mathrm{AB} = -\frac{wL^2}{30}, \qquad C_\mathrm{BA} = \frac{wL^2}{20}$$

他端ピンの場合であるので $H_{BA}$ を求めるとつぎのようになる.

$$H_{BA} = C_{BA} - \frac{1}{2}C_{AB} = \frac{wL^2}{20} + \frac{wL^2}{60} = \frac{wL^2}{15}$$

② 部材端モーメント

$$M_{BA} = H_{BA} = \frac{wL^2}{15}$$

③ 応力図（解図 3.1）

中央モーメント $M_m$ は，$M_0$ より
$M_{BA}/2$ を引いて求める.

$$M_m = \frac{wL^2}{16} - \frac{wL^2}{30} = \frac{7wL^2}{240}$$

解図 3.1

**3.2** 基本条件は，固定端の $\varphi_A = \varphi_C = \varphi_D = 0$，節点移動がないので部材角 $\psi = 0$ である．未知量は $\varphi_B$ のみとなる

① 固定端モーメント

$$C_{AB} = C_{BC} = -\frac{wL^2}{12} = -60\,\text{kN·m}, \qquad C_{BA} = C_{CB} = \frac{wL^2}{12} = 60\,\text{kN·m}$$

② 部材端モーメント

$$M_{AB} = 2.0(\varphi_B) + C_{AB} = 2.0\varphi_B - 60, \qquad M_{BA} = 2.0(2\varphi_B) + C_{BA} = 4.0\varphi_B + 60$$

$$M_{BC} = 2.0(2\varphi_B) + C_{BC} = 4.0\varphi_B - 60, \qquad M_{CB} = 2.0(\varphi_B) + C_{CB} = 2.0\varphi_B + 60$$

$$M_{BD} = 1.0(2\varphi_B) = 2.0\varphi_B, \qquad M_{DB} = 1.0(\varphi_B) = \varphi_B$$

③ 節点方程式

B点　$M_{BA} + M_{BC} + M_{BD} = 0$ （$M_{外力} = 0$），$(4.0\varphi_B + 60) + (4.0\varphi_B - 60) + 2.0\varphi_B = 0$

$\varphi_B = 0$ （対称条件により，対称軸上の部材の回転角は 0 である）

④ 端部モーメントとせん断力

$$M_{AB} = -60\,\text{kN·m}, \qquad M_{BA} = 60\,\text{kN·m}$$

$$M_{BC} = -60\,\text{kN·m}, \qquad M_{CB} = 60\,\text{kN·m}, \qquad M_{BD} = M_{DB} = 0.0\,\text{kN·m}$$

部材のせん断力

$$Q_{AB} = Q_{BC} = 20 \times \frac{6.0}{2} = 60\,\text{kN}, \qquad Q_{BA} = Q_{CB} = -60\,\text{kN}$$

⑤ 応力図（解図 3.2）

**3.3** 基本条件は，固定端の $\varphi_A = \varphi_D = 0$，節点移動がないので $\psi = 0$ である．未知量は $\varphi_B$，$\varphi_C$ のみとなる．BC材は右端がピンであるが，ピン部材としないで解いてみる.

① 固定端モーメント

$$C_{AB} = -\frac{PL}{8} = -90\,\text{kN·m}, \qquad C_{BA} = 90\,\text{kN·m}$$

$$C_{BC} = -\frac{PL}{8} = -75\,\text{kN·m}, \qquad C_{CB} = 75\,\text{kN·m}, \qquad C_{BD} = C_{DB} = 0$$

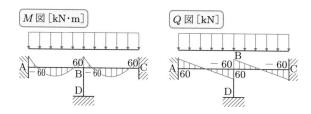

解図 3.2

② 部材端モーメント

$$M_{AB} = 1.0(\varphi_B) + C_{AB} = \varphi_B - 90, \qquad M_{BA} = 1.0(2\varphi_B) + C_{BA} = 2.0\varphi_B + 90$$

$$M_{BC} = 1.2(2\varphi_B + \varphi_C) + C_{BC} = 2.4\varphi_B + 1.2\varphi_C - 75$$

$$M_{CB} = 1.2(\varphi_B + 2\varphi_C) + C_{CB} = 1.2\varphi_B + 2.4\varphi_C + 75$$

$$M_{BD} = 2.0(2\varphi_B) = 4.0\varphi_B, \qquad M_{DB} = 2.0(\varphi_B) = 2.0\varphi_B$$

③ 節点方程式

B 点　$M_{BA} + M_{BC} + M_{BD} = 0$

$\qquad (2.0\varphi_B + 90) + (2.4\varphi_B + 1.2\varphi_C - 75) + 4.0\varphi_B = 0$

$\qquad 8.4\varphi_B + 1.2\varphi_C + 15 = 0$

C 点　$M_{CB} = 0$　（ピン支点のため）

$\qquad 1.2\varphi_B + 2.4\varphi_C + 75 = 0$

④ 連立方程式の解

$$\varphi_B = 2.9\,\text{kN·m}, \qquad \varphi_C = -33\,\text{kN·m}$$

⑤ 部材端モーメントとせん断力

$$M_{AB} = \varphi_B - 90 = -87\,\text{kN·m}, \qquad M_{BA} = 2.0\varphi_B + 90 = 96\,\text{kN·m}$$

$$M_{BC} = 2.4\varphi_B + 1.2\varphi_C - 75 = -107\,\text{kN·m}, \qquad M_{BD} = 4.0\varphi_B = 12\,\text{kN·m}$$

$$M_{DB} = 2.0\varphi_B = 6\,\text{kN·m},$$

$$M_{0AB} = \frac{PL}{4} = 180\,\text{kN·m}　（\text{AB 材 } M_0）$$

$$M_{0BC} = \frac{PL}{4} = 150\,\text{kN·m},$$

$$M_{CAB} = \frac{-87 - 96}{2} + 180 = 89\,\text{kN·m}　（\text{AB 材中央 } M）$$

$$M_{CBC} = \frac{-107}{2} + 150 = 97\,\text{kN·m}, \qquad {}_cQ_{AB} = \frac{P}{2} = 60\,\text{kN},$$

$${}_cQ_{BC} = \frac{P}{2} = 50\,\text{kN}$$

$$Q_{AB} = -\left(\frac{-87 + 96}{6.0}\right) + 60 = 59\,\text{kN}, \qquad Q_{BA} = -\left(\frac{96 - 87}{6.0}\right) - 60 = -62\,\text{kN}$$

$$Q_{BC} = -\left(\frac{-107}{6.0}\right) + 50 = 68\,\mathrm{kN}, \qquad Q_{CB} = -\left(\frac{-107}{6.0}\right) - 50 = -32\,\mathrm{kN}$$

$$Q_{BD} = Q_{DB} = -\left(\frac{12+6}{4.0}\right) = -5\,\mathrm{kN}$$

⑥ 応力図（解図 3.3）

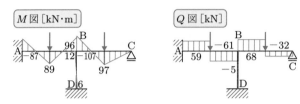

解図 3.3

【別解】C 点がピンであるので $M_{CB} = 0$ であり，有効剛比 $k_e = (3/4)k_{BC}$ を用いると，未知量は $\varphi_B$ のみとなる．

- $M_{BC} = \dfrac{3}{4}k_{BC}(2\varphi_B) + H_{BC} = \dfrac{3}{4} \times 1.2 \times 2.0\varphi_B - \dfrac{3}{16}PL = 1.8\varphi_B - 112.5$
- 節点方程式（B 点）

$$M_{BA} + M_{BC} + M_{BD} = 0$$

$$(2.0\varphi_B + 90) + (1.8\varphi_B - 112.5) + 4.0\varphi_B = 0 \;\rightarrow\; 7.8\varphi_B - 22.5 = 0$$

- 回転角　$\varphi_B = 2.9\,\mathrm{kN\cdot m}$
- 部材端モーメント　$M_{BC} = -107\,\mathrm{kN\cdot m}$　以下省略．

3.4　固定端の回転角 $= 0$ より，$\varphi_A = \varphi_D = 0$ である．

① 固定端モーメント

$$C_{BC} = -\frac{2PL}{9} = -200\,\mathrm{kN\cdot m}, \qquad C_{CB} = 200\,\mathrm{kN\cdot m}$$

② 各部材の剛比

とくに詳細な解析を行う場合以外は，剛比は少数点以下 1 桁程度とする．$K_0 k = I/L$ より，標準剛度 $K_0$ は柱の剛比が 1.0 となるように定める．

AB 材：$I_{AB} = \dfrac{bD^3}{12} = \dfrac{600 \times (600)^3}{12} = 1.08 \times 10^{10}\,\mathrm{mm^4}$

$\qquad k_{AB} = \dfrac{1.08 \times 10^{10}}{K_0 \times 4000} = 1.0,\quad$ 標準剛度 $K_0 = 2.7 \times 10^6\,\mathrm{mm^3}$

BC 材：$I_{BC} = \dfrac{bD^3}{12} = \dfrac{400 \times (800)^3}{12} = 1.71 \times 10^{10}\,\mathrm{mm^4}$

$\qquad K_{BC} = \dfrac{1.71 \times 10^{10}}{2.7 \times 10^6 \times 9000} = 0.7$

CD 材：$I_{CD} = \dfrac{bD^3}{12} = \dfrac{700 \times (700)^3}{12} = 2.00 \times 10^{10}\,\mathrm{mm^4}$

$$K_{CD} = \frac{2.00 \times 10^{10}}{2.7 \times 10^6 \times 4000} = 1.9$$

③　部材端モーメント

$$M_{AB} = 1.0(\varphi_B) = 1.0\varphi_B, \qquad M_{BA} = 1.0(2\varphi_B) = 2.0\varphi_B$$

$$M_{BC} = 0.7(2\varphi_B + \varphi_C) + C_{BC} = 1.4\varphi_B + 0.7\varphi_C - 200$$

$$M_{CB} = 0.7(\varphi_B + 2\varphi_C) + C_{CB} = 0.7\varphi_B + 1.4\varphi_C + 200$$

$$M_{CD} = 1.9(2\varphi_C) = 3.8\varphi_C, \qquad M_{DC} = 1.9(\varphi_C) = 1.9\varphi_C$$

④　節点方程式

$$M_{BA} + M_{BC} = 2.0\varphi_B + (1.4\varphi_B + 0.7\varphi_C - 200) = 0 \quad 3.4\varphi_B + 0.7\varphi_C - 200 = 0$$

$$M_{CB} + M_{CD} = (0.7\varphi_B + 1.4\varphi_C + 200) + 3.8\varphi_C = 0 \quad 0.7\varphi_B + 5.2\varphi_C + 200 = 0$$

$$\varphi_B = 69\,\text{kN·m}, \qquad \varphi_C = -48\,\text{kN·m}$$

⑤　部材応力

$$M_{AB} = \varphi_B = 69\,\text{kN·m}, \qquad M_{BA} = 2.0\varphi_B = 137\,\text{kN·m}$$

$$M_{BC} = 1.4\varphi_B + 0.7\varphi_C - 200 = -137\,\text{kN·m}$$

$$M_{CB} = 0.7\varphi_B + 1.4\varphi_C + 200 = 182\,\text{kN·m}$$

$$M_{CD} = 3.8\varphi_C = -182\,\text{kN·m}, \qquad M_{DC} = 1.9\varphi_C = -91\,\text{kN·m}$$

$$_cQ_{BC} = P = 100\,\text{kN}$$

$$Q_{BC} = -\left(\frac{-137 + 182}{9.0}\right) + 100 = 95\,\text{kN}$$

$$Q_{CB} = -\left(\frac{182 - 137}{9.0}\right) - 100 = -105\,\text{kN}$$

$$Q_{AB} = Q_{BA} = -\frac{69 + 137}{4.0} = -52\,\text{kN}, \qquad Q_{CD} = Q_{DC} = \frac{182 + 91}{4.0} = 68\,\text{kN}$$

BC 材の中間モーメント

$$M_0 = \frac{PL}{3} = 300\,\text{kN·m}$$

$$\text{E 点} \quad M = 300 - \left(182 - \frac{(182 - 137) \times 6.0}{9.0}\right) = 148\,\text{kN·m}$$

$$\text{F 点} \quad M = 300 - \left(182 - \frac{(182 - 137) \times 3.0}{9.0}\right) = 133\,\text{kN·m}$$

⑥　応力図（解図 3.4）

【注記】この例では，水平外力がないので両柱のせん断力の和は 0 のはずであるが，0 になっていない．これは，左右の柱剛性が異なるために，節点移動があり，柱に部材角が生じることを無視した結果によると思われる．

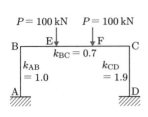
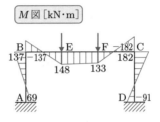
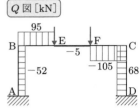

解図 3.4

3.5　基本条件は，逆対称より $\varphi_B = \varphi_F$，固定端より $\varphi_A = \varphi_C = \varphi_E = 0$，未知量は $\varphi_B$，$\varphi_D$，$\psi$ の3個である．固定端モーメントはない（節点荷重のみのため）．

① 部材端モーメント

$$M_{AB} = 1.0(\varphi_B + \psi) = \varphi_B + \psi = M_{EF}$$

$$M_{BA} = 1.0(2\varphi_B + \psi) = 2.0\varphi_B + \psi = M_{FE}$$

$$M_{BD} = 1.5(2\varphi_B + \varphi_D) = 3.0\varphi_B + 1.5\varphi_D = M_{FD}$$

$$M_{DB} = 1.5(\varphi_B + 2\varphi_D) = 1.5\varphi_B + 3.0\varphi_D = M_{DF}$$

$$M_{CD} = 2.0(\varphi_D + \psi) = 2.0\varphi_D + 2.0\psi$$

$$M_{DC} = 2.0(2\varphi_D + \psi) = 4.0\varphi_D + 2.0\psi$$

② 節点方程式

B点　$M_{BA} + M_{BD} = 0$

$$(2\varphi_B + \psi) + (3.0\varphi_B + 1.5\varphi_D) = 0 \quad 5.0\varphi_B + 1.5\varphi_D + \psi = 0$$

D点　$M_{DB} + M_{DC} + M_{DF} = 0$

$$(1.5\varphi_B + 3.0\varphi_D) \times 2 + (4.0\varphi_D + 2.0\psi) = 0 \quad 3.0\varphi_B + 10.0\varphi_D + 2.0\psi = 0$$

③ 層方程式

$$-P = \frac{(M_{AB} + M_{BA}) \times 2 + (M_{CD} + M_{DC})}{h}$$

$$-100 = \frac{(3.0\varphi_B + 2.0\psi) \times 2 + (6.0\varphi_D + 4.0\psi)}{4.0}$$

$$-400 = 6.0\varphi_B + 6.0\varphi_D + 8.0\psi$$

④ 漸近解法（$\varphi_D = \varphi_B = 0$ として $\psi$ を計算し，以後順次計算していく）

| 漸近計算表 | 第1回 | 第2回 | 第3回 | 第4回 |
|---|---|---|---|---|
| (1) $\psi = -0.75\varphi_B - 0.75\varphi_D - 50$ | −50 | −63 | −65 | <u>−65</u> |
| (2) $\varphi_D = -0.30\varphi_B - 0.20\psi$ | 10 | 10 | 10 | <u>10</u> |
| (3) $\varphi_B = -0.30\varphi_D - 0.20\psi$ | 7.0 | 9.4 | <u>10</u> | （終了） |

注) ＿＿ （下線）は最終値を示す．

よって，$\varphi_\mathrm{B} = 10\,\mathrm{kN \cdot m}$，$\varphi_\mathrm{D} = 10\,\mathrm{kN \cdot m}$，$\psi = -65\,\mathrm{kN \cdot m}$ である．

⑤ 部材端モーメントとせん断力

$$M_\mathrm{AB} = M_\mathrm{EF} = \varphi_\mathrm{B} + \psi = 10 - 65 = -55\,\mathrm{kN \cdot m}$$

$$M_\mathrm{BA} = M_\mathrm{FE} = 2\varphi_\mathrm{B} + \psi = 2 \times 10 - 65 = -45\,\mathrm{kN \cdot m}$$

$$M_\mathrm{BC} = M_\mathrm{FC} = 3.0\varphi_\mathrm{B} + 1.5\varphi_\mathrm{D} = 3 \times 10 + 1.5 \times 10 = 45\,\mathrm{kN \cdot m}$$

$$M_\mathrm{CB} = M_\mathrm{CF} = 1.5\varphi_\mathrm{B} + 3.0\varphi_\mathrm{D} = 1.5 \times 10 + 3 \times 10 = 45\,\mathrm{kN \cdot m}$$

$$M_\mathrm{CD} = 2\varphi_\mathrm{D} + 2\psi = 2 \times 10 + 2 \times (-65) = -110\,\mathrm{kN \cdot m}$$

$$M_\mathrm{DC} = 4\varphi_\mathrm{D} + 2\psi = 4 \times 10 + 2 \times (-65) = -90\,\mathrm{kN \cdot m}$$

部材のせん断力

$$Q_\mathrm{AB} = Q_\mathrm{EF} = -\left(\frac{-45 - 55}{4.0}\right) = 25\,\mathrm{kN}$$

$$Q_\mathrm{CD} = Q_\mathrm{DC} = -\left(\frac{-90 - 110}{4.0}\right) = 50\,\mathrm{kN}$$

$$Q_\mathrm{BD} = Q_\mathrm{DF} = -\left(\frac{45 + 45}{6.0}\right) = -15\,\mathrm{kN}$$

⑥ 応力図（解図 3.5）

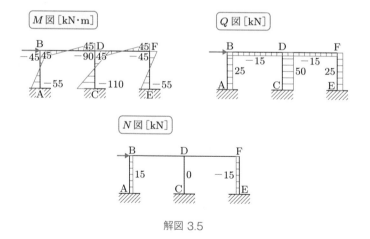

解図 3.5

## 第 4 章

4.1 BC 材は右端がピンであるので，有効剛比 $k_e = 1.2 \times 3/4 = 0.9$ を用いる．

① 固定端モーメント

$$C_\mathrm{AB} = -\frac{PL}{8} = -90\,\mathrm{kN \cdot m}, \qquad C_\mathrm{BA} = 90\,\mathrm{kN \cdot m}, \qquad C_\mathrm{BC} = -\frac{PL}{8} = -75\,\mathrm{kN \cdot m}$$

$$H_{\rm BC} = \frac{C_{\rm BC} - C_{\rm CB}}{2} = -113\,\text{kN·m}, \qquad C_{\rm BD} = C_{\rm DB} = 0\,\text{kN·m}$$

② 作表計算（解図 4.1）

|  | A 点 | | AB | $M_r$ | BA | BD | — | BC | $M_r$ | CB C 点 |
|---|---|---|---|---|---|---|---|---|---|---|
|  | — | — |  |  | k = 1.0 | B 点 |  | | k = 0.9 | |
| DF |  |  | — |  | 0.26 | 0.51 |  | 0.23 |  | — |
| FEM |  |  | −90 |  | 90 | 0 |  | −113 | 23 |  |
| $D_1$ |  |  | 0 |  | 6 | 12 |  | 5 |  |  |
| $C_1$ |  |  | 3 |  | 0 | 0 |  | 0 | 0 |  |
| $D_2$ |  |  | 0 |  | 0 | 0 |  | 0 |  |  |
| 合計 |  |  | −87 |  | 96 | 12 |  | −108 |  |  |

D 点　k = 2.0

| — | DB |
|---|---|
| — |  |
| 0 |  |
| 0 |  |
| 6 |  |
| 0 |  |
| 6 |  |

解図 4.1

③ 応力図（解図 4.2）

演習問題 3.3 とほぼ同じ計算結果となる.

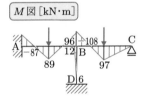

解図 4.2

4.2　① 固定端モーメント

$$C_{\rm BC} = -\frac{2PL}{9} = -200\,\text{kN·m}, \qquad C_{\rm CB} = 200\,\text{kN·m}$$

② 作表計算（解図 4.3）

| | BA | − | BC | $M_r$ | CB | CD | − | $M_r$ |
|---|---|---|---|---|---|---|---|---|
| DF | 0.59 | | 0.41 | | 0.27 | 0.73 | | |
| FEM | 0 | | −200 | 200 | 200 | 0 | | −200 |
| $D_1$ | 118 | | 82 | | −54 | −146 | | |
| $C_1$ | 0 | | −27 | 27 | 41 | 0 | | −41 |
| $D_2$ | 16 | | 11 | | −11 | −30 | | |
| $C_2$ | 0 | | −6 | 6 | 6 | 0 | | −6 |
| $D_3$ | 4 | | 2 | | −2 | −4 | | |
| 合計 | 138 | | −138 | | 180 | −180 | | |

B 点　　　　　　　$k = 0.7$　　　　C 点

A 点 $k = 1.0$　　　　　　　　　D 点 $k = 1.9$

| | − | AB |
|---|---|---|
| DF | | − |
| FEM | | 0 |
| $D_1$ | | 0 |
| $C_1$ | | 59 |
| $D_2$ | | 0 |
| $C_2$ | | 8 |
| $D_3$ | | 0 |
| 合計 | | 67 |

| | − | DE |
|---|---|---|
| DF | | − |
| FEM | | 0 |
| $D_1$ | | 0 |
| $C_1$ | | −73 |
| $D_2$ | | 0 |
| $C_2$ | | −15 |
| $D_3$ | | 0 |
| 合計 | | −88 |

解図 4.3

③　部材応力（解図 4.4）

部材応力は，演習問題 3.4 とほぼ同じ計算結果となる．部材中間部応力の算定も演習問題 3.4 にならう．

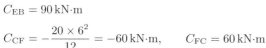

解図 4.4

4.3　①　固定端モーメント

$$C_{\mathrm{BE}} = -\frac{\omega L^2}{12} = -\frac{30 \times 6^2}{12} = -90\,\mathrm{kN\cdot m}$$

$$C_{\mathrm{EB}} = 90\,\mathrm{kN\cdot m}$$

$$C_{\mathrm{CF}} = -\frac{20 \times 6^2}{12} = -60\,\mathrm{kN\cdot m}, \qquad C_{\mathrm{FC}} = 60\,\mathrm{kN\cdot m}$$

②　有効剛比 $k_e$

左右対称のため，梁の剛比を $1/2$ として左半分のみを計算する．

③　作表計算（解図 4.5）

$$\mathrm{RF} : M_0 = \frac{1}{8}wL^2 = 90\,\mathrm{kN\cdot m}, \qquad \mathrm{2F} : M_0 = \frac{1}{8}wL^2 = 135\,\mathrm{kN\cdot m}$$

④　応力図（解図 4.6）

対称のため右半分は，左と対称なモーメント図を作図する．

柱頭　柱脚　梁左　　　　梁右　柱頭　柱脚
C点　　　　　$k_e=1.0$　　　　F点

| | CB | — | CF | $M_r$ | FC | FE | — | $M_r$ |
|---|---|---|---|---|---|---|---|---|
| DF | 0.50 | | 0.50 | | — | — | | |
| FEM | 0 | | −60 | 60 | | | | |
| $D_1$ | 30 | | 30 | | | | | |
| $C_1$ | 12 | | — | −12 | | | | |
| $D_2$ | −6 | | −6 | | | | | |
| $C_2$ | −2 | | — | 2 | | | | |
| $D_3$ | 1 | | 1 | | | | | |
| 合計 | 35 | | 35 | | | | | |

B点　$k_c=1.0$　$k_e=1.5$　　　E点

| | BA | BC | BE | $M_r$ | EB | ED | EF | $M_r$ |
|---|---|---|---|---|---|---|---|---|
| DF | 0.38 | 0.25 | 0.38 | | — | — | — | |
| FEM | 0 | 0 | −90 | 90 | | | | |
| $D_1$ | 34 | 23 | 34 | | | | | |
| $C_1$ | 0 | 15 | — | −15 | | | | |
| $D_2$ | −6 | −4 | −6 | | | | | |
| $C_2$ | 0 | −3 | — | 3 | | | | |
| $D_3$ | 1 | 1 | 1 | | | | | |
| 合計 | 29 | 32 | −61 | | | | | |

A点 //// $k_c=1.5$　　　　D点 ////

| | — | AB |
|---|---|---|
| DF | | — |
| FEM | | 0 |
| $D_1$ | | 0 |
| $C_1$ | | 17 |
| $D_2$ | | 0 |
| $C_2$ | | −3 |
| $D_3$ | | 0 |
| 合計 | | 14 |

| | — | DE |
|---|---|---|
| | | |

対称であるので，
この部分の表は
使用しない

解図 4.5

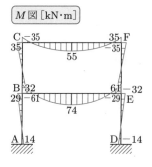

$M$図 [kN·m]

解図 4.6

## 第5章

5.1 座標変換マトリクス $[T]$ と転置マトリクス $[T]^T$ の積は，以下のようになる.

$$[T] \cdot [T]^T$$

$$= \begin{bmatrix}
\cos\alpha & \sin\alpha & 0 & 0 & 0 & 0 \\
-\sin\alpha & \cos\alpha & 0 & 0 & 0 & 0 \\
0 & 0 & 1 & 0 & 0 & 0 \\
0 & 0 & 0 & \cos\alpha & \sin\alpha & 0 \\
0 & 0 & 0 & -\sin\alpha & \cos\alpha & 0 \\
0 & 0 & 0 & 0 & 0 & 1
\end{bmatrix} \cdot \begin{bmatrix}
\cos\alpha & -\sin\alpha & 0 & 0 & 0 & 0 \\
\sin\alpha & \cos\alpha & 0 & 0 & 0 & 0 \\
0 & 0 & 1 & 0 & 0 & 0 \\
0 & 0 & 0 & \cos\alpha & -\sin\alpha & 0 \\
0 & 0 & 0 & \sin\alpha & \cos\alpha & 0 \\
0 & 0 & 0 & 0 & 0 & 1
\end{bmatrix}$$

$$= \begin{bmatrix}
1 & 0 & 0 & 0 & 0 & 0 \\
0 & 1 & 0 & 0 & 0 & 0 \\
0 & 0 & 1 & 0 & 0 & 0 \\
0 & 0 & 0 & 1 & 0 & 0 \\
0 & 0 & 0 & 0 & 1 & 0 \\
0 & 0 & 0 & 0 & 0 & 1
\end{bmatrix}$$

$[T] \cdot [T]^T = [1]$ であるので，$[T]^T = [T]^{-1}$ である.

5.2 長さは m 単位で計算し，有効数字3桁で表示する.

断面積 $A = 0.36\,\mathrm{m}^2$

断面二次モーメント $I = 0.0108\,\mathrm{m}^4$

長さ $L = 5.0\,\mathrm{m}$

ヤング係数 $E = 2.1 \times 10^7\,\mathrm{kN/m^2}$

$$\frac{EA}{L} = \frac{2.1 \times 10^7 \times 0.36}{5.0} = 15.1 \times 10^5$$

$$\frac{12EI}{L^3} = \frac{12 \times 2.1 \times 10^7 \times 0.0108}{5.0^3} = 0.218 \times 10^5$$

$$\frac{6EI}{L^2} = \frac{6 \times 2.1 \times 10^7 \times 0.0108}{5.0^2} = 0.544 \times 10^5$$

$$\frac{4EI}{L} = \frac{4 \times 2.1 \times 10^7 \times 0.0108}{5.0} = 1.81 \times 10^5$$

$$\frac{2EI}{L} = \frac{2 \times 2.1 \times 10^7 \times 0.0108}{5.0} = 0.907 \times 10^5$$

局所座標系の部材剛性マトリクス $[K_m{}^*]$ は，つぎのように計算される.

$$[K_m{}^*] = \begin{bmatrix} \dfrac{EA}{L} & 0 & 0 & -\dfrac{EA}{L} & 0 & 0 \\[2mm] 0 & \dfrac{12EI}{L^3} & -\dfrac{6EI}{L^2} & 0 & -\dfrac{12EI}{L^3} & -\dfrac{6EI}{L^2} \\[2mm] 0 & -\dfrac{6EI}{L^2} & \dfrac{4EI}{L} & 0 & \dfrac{6EI}{L^2} & \dfrac{2EI}{L} \\[2mm] -\dfrac{EA}{L} & 0 & 0 & \dfrac{EA}{L} & 0 & 0 \\[2mm] 0 & -\dfrac{12EI}{L^3} & \dfrac{6EI}{L^2} & 0 & \dfrac{12EI}{L^3} & \dfrac{6EI}{L^2} \\[2mm] 0 & -\dfrac{6EI}{L^2} & \dfrac{2EI}{L} & 0 & \dfrac{6EI}{L^2} & \dfrac{4EI}{L} \end{bmatrix} \cdot$$

$$= \begin{bmatrix} 15.1 & 0 & 0 & -15.1 & 0 & 0 \\ 0 & 0.218 & -0.544 & 0 & -0.218 & -0.544 \\ 0 & -0.544 & 1.81 & 0 & 0.544 & 0.907 \\ -15.1 & 0 & 0 & 15.1 & 0 & 0 \\ 0 & -0.218 & 0.544 & 0 & 0.218 & 0.544 \\ 0 & -0.544 & 0.907 & 0 & 0.544 & 1.81 \end{bmatrix} \times 10^5$$

5.3　座標変換マトリクス $[T]$ は，$\cos\alpha = 0.0$，$\sin\alpha = 1.0$（$\alpha = \pi/2 = 90°$）であるので，つぎのようになる．

$$[T] = \begin{bmatrix} \cos\alpha & \sin\alpha & 0 & 0 & 0 & 0 \\ -\sin\alpha & \cos\alpha & 0 & 0 & 0 & 0 \\ 0 & 0 & 1 & 0 & 0 & 0 \\ 0 & 0 & 0 & \cos\alpha & \sin\alpha & 0 \\ 0 & 0 & 0 & -\sin\alpha & \cos\alpha & 0 \\ 0 & 0 & 0 & 0 & 0 & 1 \end{bmatrix}$$

$$= \begin{bmatrix} 0 & 1.0 & 0 & 0 & 0 & 0 \\ -1.0 & 0 & 0 & 0 & 0 & 0 \\ 0 & 0 & 1.0 & 0 & 0 & 0 \\ 0 & 0 & 0 & 0 & 1.0 & 0 \\ 0 & 0 & 0 & -1.0 & 0 & 0 \\ 0 & 0 & 0 & 0 & 0 & 1.0 \end{bmatrix}$$

5.4　全体座標系での部材剛性マトリクスは，$[K_m] = [T]^{-1}[K_m{}^*][T] = [T]^T[K_m{}^*][T]$ によりつぎのように求められる．剛性マトリクスは対称マトリクスとなることに注意する．

$$[T]^{-1}[K_m{}^*] = \begin{bmatrix} 0 & -1.0 & 0 & 0 & 0 & 0 \\ 1.0 & 0 & 0 & 0 & 0 & 0 \\ 0 & 0 & 1.0 & 0 & 0 & 0 \\ 0 & 0 & 0 & 0 & -1.0 & 0 \\ 0 & 0 & 0 & 1.0 & 0 & 0 \\ 0 & 0 & 0 & 0 & 0 & 1.0 \end{bmatrix}$$

$$\times \begin{bmatrix} 15.1 & 0 & 0 & -15.1 & 0 & 0 \\ 0 & 0.218 & -0.544 & 0 & -0.218 & -0.544 \\ 0 & -0.544 & 1.81 & 0 & 0.544 & 0.907 \\ -15.1 & 0 & 0 & 15.1 & 0 & 0 \\ 0 & -0.218 & 0.544 & 0 & 0.218 & 0.544 \\ 0 & -0.544 & 0.907 & 0 & 0.544 & 1.81 \end{bmatrix} \times 10^5$$

$$= \begin{bmatrix} 0 & -0.218 & 0.544 & 0 & 0.218 & 0.544 \\ 15.1 & 0 & 0 & -15.1 & 0 & 0 \\ 0 & -0.544 & 1.81 & 0 & 0.544 & 0.907 \\ 0 & 0.218 & -0.544 & 0 & -0.218 & -0.544 \\ -15.1 & 0 & 0 & 15.1 & 0 & 0 \\ 0 & -0.544 & 0.907 & 0 & 0.544 & 1.81 \end{bmatrix} \times 10^5$$

$$[K_m] = [T]^{-1}[K_m{}^*] \cdot [T]$$

$$= \begin{bmatrix} 0 & -0.218 & 0.544 & 0 & 0.218 & 0.544 \\ 15.1 & 0 & 0 & -15.1 & 0 & 0 \\ 0 & -0.544 & 1.81 & 0 & 0.544 & 0.907 \\ 0 & 0.218 & -0.544 & 0 & -0.218 & -0.544 \\ -15.1 & 0 & 0 & 15.1 & 0 & 0 \\ 0 & -0.544 & 0.907 & 0 & 0.544 & 1.81 \end{bmatrix} \times 10^5$$

$$\cdot \begin{bmatrix} 0 & 1.0 & 0 & 0 & 0 & 0 \\ -1.0 & 0 & 0 & 0 & 0 & 0 \\ 0 & 0 & 1.0 & 0 & 0 & 0 \\ 0 & 0 & 0 & 0 & 1.0 & 0 \\ 0 & 0 & 0 & -1.0 & 0 & 0 \\ 0 & 0 & 0 & 0 & 0 & 1.0 \end{bmatrix}$$

$$
= \begin{bmatrix}
0.218 & 0 & 0.544 & -0.218 & 0 & 0.544 \\
0 & 15.1 & 0 & 0 & -15.1 & 0 \\
0.544 & 0 & 1.81 & -0.544 & 0 & 0.907 \\
\hdashline
-0.218 & 0 & -0.544 & 0.218 & 0 & -0.544 \\
0 & -15.1 & 0 & 0 & 15.1 & 0 \\
0.544 & 0 & 0.907 & -0.544 & 0 & 1.81
\end{bmatrix} \times 10^5
$$

## 第 6 章

**6.1** 崩壊機構は，梁中央の荷重点 C に塑性ヒンジが生じることにより形成される（解図 6.1）．外力のする仕事 $W_{\mathrm{E}}$ は，つぎのようになる．

$$
W_{\mathrm{E}} = P_p \delta_{\mathrm{C}} = \frac{P_p \theta L}{2}
$$

内力（全塑性モーメント）のする仕事 $W_{\mathrm{I}}$ は，

$$
W_{\mathrm{I}} = 2 M_p \theta
$$

となる．$W_{\mathrm{E}} = W_{\mathrm{I}}$ より，次式となる．

$$
\frac{P_p \theta L}{2} = 2 M_p \theta \ \rightarrow \ P_p = \frac{4 M_p}{L}
$$

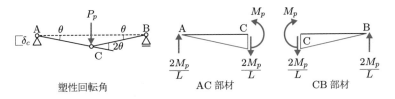

塑性回転角　　　　　　　　　AC 部材　　　　　　　　　CB 部材

解図 6.1

**6.2** 崩壊機構は，梁端部 B 点と荷重点 C に塑性ヒンジが生じることにより形成される（解図 6.2）．外力のする仕事 $W_{\mathrm{E}}$ は，つぎのようになる．

$$
W_{\mathrm{E}} = P_p \delta_{\mathrm{C}} = \frac{P_p \theta L}{2}
$$

内力（全塑性モーメント）のする仕事 $W_{\mathrm{I}}$ は，

$$
W_{\mathrm{I}} = M_p 2\theta + M_p \theta = 3 M_p \theta
$$

となる．$W_{\mathrm{E}} = W_{\mathrm{I}}$ より，次式となる．

$$
\frac{P_p \theta L}{2} = 3 M_p \theta \ \rightarrow \ P_p = \frac{6 M_p}{L}
$$

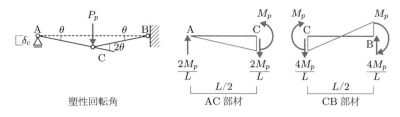

解図 6.2

6.3　柱と梁の全塑性モーメントを比較すると，柱のほうが大きいので，柱頭位置の降伏ヒンジは梁端に生じる．また，柱脚では柱が降伏する．左側から加わる水平力について計算する．

$$\text{柱の柱脚モーメント} = -40\,\text{kN·m}, \qquad \text{柱頭モーメント} = -20\,\text{kN·m}$$

となるので，層のせん断力はモーメント和を階高で割って，

$$Q = -\frac{2(-40-20)}{4.0} = 30\,\text{kN}$$

となる．これが保有水平耐力である（柱 2 本分を考慮している）．メカニズム応力を解図 6.3 に示す．

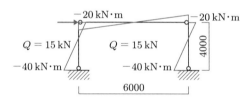

解図 6.3

6.4　柱の曲げ耐力値が大きいので，降伏ヒンジはすべて梁端に生じる．2 階床梁の梁の降伏モーメントは，1/2 ずつ上下階の柱に分配されるものとする（分配の方法としては，水平力による弾性解析時の柱応力に比例させる，柱の剛比に比例させる方法もある）．
　柱のせん断力はモーメント和を階高で割って，

$$\text{2 階左右柱} \quad Q = -\frac{2(-200-100)}{4.0} = 150\,\text{kN}$$

$$\text{2 階中央柱} \quad Q = -\frac{(-400-200)}{4.0} = 150\,\text{kN}$$

$$\text{1 階左右柱} \quad Q = -\frac{2(-100-400)}{4.0} = 250\,\text{kN}$$

$$\text{1 階中央柱} \quad Q = -\frac{(-200-800)}{4.0} = 250\,\text{kN}$$

となる．結果として，保有水平耐力 $Qu$ は，

$$\text{2 階} \quad 150 + 150 = 300\,\text{kN}, \qquad \text{1 階} \quad 250 + 250 = 500\,\text{kN}$$

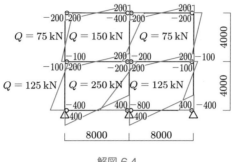

解図 6.4

である．メカニズム時の応力を解図 6.4 に示す．

# 第 7 章

**7.1** ① 水平剛性 $k$ ＝層せん断力 $Q$/層間変形 $\delta$ であり，層せん断力 $Q = P = 100\,\text{kN}$，層間変形 $\delta = 25\,\text{mm}$ より，

$$k = \frac{100}{0.025} = 4000\,\text{kN/m}$$

② 固有円振動数 $\omega = \sqrt{\dfrac{k}{m}} = \sqrt{\dfrac{4000}{100}} = 6.32\,\text{rad/s}$

固有振動数 $f = \dfrac{\omega}{2\pi} = \dfrac{6.32}{2 \times 3.14} = 1.01\,\text{Hz}$

固有周期 $T = \dfrac{2\pi}{\omega} = 2\pi\sqrt{\dfrac{m}{k}} = 2 \times 3.14\sqrt{\dfrac{100}{4000}} = 0.99\,\text{s}$

③ $h = c/c_c,\ c_c = 2\sqrt{mk}$ より，

$$c = hc_c = 2h\sqrt{mk} = 2 \times 0.05\sqrt{100 \times 4000} = 63.2\,\text{kNs/m}$$

**7.2** 構造物における減衰の原因としては，構造材料の内部摩擦減衰，部材間のすべり摩擦減衰，構造物周囲の空気抵抗，構造物から地盤へのエネルギー拡散などが考えられているが，どれと特定することは難しい．いずれにしても，解析的な扱いが容易なように，速度に比例した減衰力を仮定している．身近な減衰の例としては，つぎのようなことがあげられる．

① ブランコや振り子を揺すって振動させても，しだいに振幅が小さくなり止まる．
② 洗面器や風呂桶の水を一方向に撹拌すると水が円運動を始めるが，時間が経過すると運動は止まる．

**7.3** 加速度の共振曲線は，式(7.32)により，

$$\left| \frac{\ddot{x}_\text{G} + \ddot{x}}{\ddot{x}_\text{G}} \right| = \sqrt{\frac{1 + 4h^2(\omega_\text{G}/\omega)^2}{\{1 - (\omega_\text{G}/\omega)^2\}^2 + 4h^2(\omega_\text{G}/\omega)^2}}$$

で与えられる．共振時には，$\omega_G = \omega$ であるので

$$\left| \frac{\ddot{x}_G + \ddot{x}}{\ddot{x}_G} \right| = \sqrt{\frac{1 + 4h^2}{4h^2}} = \sqrt{1 + \frac{1}{4h^2}}$$

となり，$1/(4h^2)$ は 1 に比較して十分大きいので，増幅率はほぼ $\sqrt{1/(4h^2)} = 1/(2h)$ となる．

また，$\omega_G/\omega = \sqrt{2}$ の場合には，

$$\left| \frac{\ddot{x}_G + \ddot{x}}{\ddot{x}_G} \right| = \sqrt{\frac{1 + 8h^2}{1 + 8h^2}} = 1$$

となり，$h$ の値によらず一定値 1.0 となる．

## 第 8 章

8.1　式(8.12)の行列を 2 質点系で示すと，つぎのようになる．

$$\left| -\omega^2 \begin{bmatrix} m_1 & 0 \\ 0 & m_2 \end{bmatrix} + \begin{bmatrix} k_{11} & k_{12} \\ k_{21} & k_{22} \end{bmatrix} \right| = 0$$

$$(-\omega^2 m_1 + k_{11})(-\omega^2 m_2 + k_{22}) - k_{12} \cdot k_{21} = 0$$

このとき，$k_{11} = k_1 + k_2$，$k_{12} = k_{21} = -k_2$，$k_{22} = k_2$ であり，数値を代入すると，

$$\omega^4 - 700\omega^2 + 60000 = 0$$

となる．よって，

$$_1\omega^2 = 100, \qquad _2\omega^2 = 600, \qquad _1\omega = 10.0\,\text{rad/s}, \qquad _2\omega = 24.5\,\text{rad/s}$$

となり，$_iT = 2\pi/_i\omega$ により固有周期は，$_1T = 0.63\,\text{s}$，$_2T = 0.26\,\text{s}$ となる．

$_1\omega$，$_2\omega$ が決まると，これを式(8.8)に代入すれば $_iu_j$（$i$ 次における $j$ 質点での変位）の比が得られ，$_1u_2/_1u_1 = 2.0$，$_2u_2/_2u_1 = -0.5$ となる（解図 8.1）．このことは，振動数が $_1\omega$ または $_2\omega$ で振動するとき，1 層と 2 層の振幅比がつねに一定値をとることを意味する．

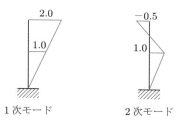

解図 8.1　2 質点系の振動モード

8.2　とう性マトリクスと剛性マトリクスの積が単位マトリクスであることを確認する．各マトリクスの係数値は，計算機出力の有効 4 桁の数値によったため，やや精度が悪くなっているが，$[\alpha] \cdot [K]$ の対角項はおおむね 1.0，非対角項は 0.0 となっている．

(a) とう性マトリクス $[\alpha]$ $(\times 10^{-2}\,[\mathrm{m/kN}])$

| | | | | |
|---|---|---|---|---|
| 0.0036580 | 0.0029200 | 0.0020600 | 0.0011930 | 0.0004166 |
| 0.0029200 | 0.0026500 | 0.0019860 | 0.0011740 | 0.0004132 |
| 0.0020600 | 0.0019860 | 0.0017440 | 0.0011150 | 0.0004032 |
| 0.0011930 | 0.0011740 | 0.0011150 | 0.0009029 | 0.0003679 |
| 0.0004166 | 0.0004132 | 0.0004032 | 0.0003679 | 0.002360 |

(b) 剛性マトリクス $[K]$ $(\times 10^2\,\mathrm{kN/m}$ 曲げせん断型モデル$)$

| | | | | |
|---|---|---|---|---|
| 2674.0 | −4028.0 | 1624.0 | −333.2 | 76.0 |
| −4028.0 | 9012.0 | −6800.0 | 2197.0 | −476.1 |
| 1624.0 | −6800.0 | 10400.0 | −7105.0 | 2352.0 |
| −333.2 | 2197.0 | −7105.0 | 10550.0 | −7566.0 |
| 76.0 | −476.1 | 2352.0 | −7566.0 | 12710.0 |

(c) $[\alpha]\cdot[K]$

| | | | | |
|---|---|---|---|---|
| 1.000 | −0.002 | 0.005 | −0.005 | 0.002 |
| 0.000 | 1.000 | 0.000 | −0.001 | 0.001 |
| 0.001 | 0.000 | 0.999 | −0.001 | 0.002 |
| −0.001 | 0.002 | −0.003 | 1.002 | 0.000 |
| −0.000 | 0.000 | 0.000 | 0.000 | 1.000 |

8.3　(1)　[質量を介しての直交（曲げせん断モデル）] モードマトリクス $[U]$ を用いて計算するとつぎのようになり，$[U]^T\cdot[M]\cdot[U]$ の非対角項が対角項に比較して小さくなり $0$ と見なせる.

(a) モードマトリクス $[U]^T$

| | | | | |
|---|---|---|---|---|
| 1.0000 | 0.8735 | 0.6738 | 0.4171 | 0.1518 |
| 1.0000 | 0.0747 | −0.8102 | −1.0499 | −0.5357 |
| 1.0000 | −1.0907 | −0.9584 | 0.9876 | 1.2278 |
| 1.0000 | −2.2766 | 1.4478 | 0.9238 | −2.4494 |
| 1.0000 | −3.1085 | 4.7325 | −5.0568 | 4.1869 |

(b) 質量マトリクス $[M]$

| | | | | |
|---|---|---|---|---|
| 1.800 | 0.000 | 0.000 | 0.000 | 0.000 |
| 0.000 | 1.800 | 0.000 | 0.000 | 0.000 |
| 0.000 | 0.000 | 1.800 | 0.000 | 0.000 |
| 0.000 | 0.000 | 0.000 | 1.800 | 0.000 |
| 0.000 | 0.000 | 0.000 | 0.000 | 1.800 |

(c) $[U]^T\cdot[M]$

| | | | | |
|---|---|---|---|---|
| 1.8000 | 1.5723 | 1.2128 | 0.7508 | 0.2732 |
| 1.8000 | 0.1345 | −1.4584 | −1.8898 | −0.9643 |
| 1.8000 | −1.9633 | −1.7251 | 1.7777 | 2.2100 |
| 1.8000 | −4.0979 | 2.6060 | 1.6628 | −4.4089 |
| 1.8000 | −5.5953 | 8.5185 | −9.1022 | 7.5364 |

(d) $[U]$

| | | | | |
|---|---|---|---|---|
| 1.0000 | 1.0000 | 1.0000 | 1.0000 | 1.0000 |
| 0.8735 | 0.0747 | −1.0907 | −2.2766 | −3.1085 |
| 0.6738 | −0.8102 | −0.9584 | 1.4478 | 4.7325 |
| 0.4171 | −1.0499 | 0.9876 | 0.9238 | −5.0568 |
| 0.1518 | −0.5357 | 1.2278 | −2.4494 | 4.1869 |

(e) $[U]^T\cdot[M]\cdot[U]$

| | | | | |
|---|---|---|---|---|
| 4.3452 | 0.0002 | −0.0003 | 0.0007 | −0.0002 |
| 0.0002 | 5.4923 | 0.0007 | −0.0015 | −0.0005 |
| −0.0003 | 0.0007 | 10.0640 | 0.0009 | 0.0025 |
| 0.0007 | −0.0015 | 0.0009 | 27.2380 | 0.0030 |
| −0.0002 | −0.0005 | 0.0025 | 0.0030 | 137.0900 |

（2）［剛性を介しての直交（曲げせん断型モデル）］モードマトリクス $[U]$ を用いて計算するとつぎのようになり，$[U]^T \cdot [K] \cdot [U]$ の非対角項が対角項に比較して小さくなり 0 と見なせるが，剛性マトリクスを有効 4 桁で計算しているため，やや計算精度が悪い．

(a) モードマトリクス $[U]^T$

| 1.0000 | 0.8735 | 0.6738 | 0.4171 | 0.1518 |
|---|---|---|---|---|
| 1.0000 | 0.0747 | −0.8102 | −1.0499 | −0.5357 |
| 1.0000 | −1.0907 | −0.9584 | 0.9876 | 1.2278 |
| 1.0000 | −2.2766 | 1.4478 | 0.9238 | −2.4494 |
| 1.0000 | −3.1085 | 4.7325 | −5.0568 | 4.1869 |

(b) 剛性マトリクス $[K]$

| 2674 | −4028 | 1624 | −333 | 76 |
|---|---|---|---|---|
| −4028 | 9012 | −6800 | 2197 | −476 |
| 1624 | −6800 | 10400 | −7105 | 2352 |
| −333 | 2197 | −7105 | 10550 | −7566 |
| 76 | −476 | 2352 | −7566 | 12710 |

(c) $[U]^T \cdot [K]$

| 122 | 106 | 85 | 50 | 18 |
|---|---|---|---|---|
| 1367 | 103 | −1111 | −1436 | −730 |
| 5275 | −5755 | −5056 | 5210 | 6474 |
| 13702 | −31194 | 19837 | 12657 | −33556 |
| 24884 | −77326 | 117760 | −125810 | 104160 |

(d) $[U]$

| 1.0000 | 1.0000 | 1.0000 | 1.0000 | 1.0000 |
|---|---|---|---|---|
| 0.8735 | 0.0747 | −1.0907 | −2.2766 | −3.1085 |
| 0.6738 | −0.8102 | −0.9584 | 1.4478 | 4.7325 |
| 0.4171 | −1.0499 | 0.9876 | 0.9238 | −5.0568 |
| 0.1518 | −0.5357 | 1.2278 | −2.4494 | 4.1869 |

(e) $[U]^T \cdot [K] \cdot [U]$

| 296 | −2 | −3 | 5 | 18 |
|---|---|---|---|---|
| −2 | 4173 | 4 | −13 | −6 |
| −3 | 4 | 29492 | 12 | 2 |
| 5 | −13 | 12 | 207320 | 49 |
| 18 | −6 | 2 | 49 | 1894900 |

## 付録 1　片持梁と単純梁の基本応力

| 1a　片持梁の応力図 | | |
|---|---|---|
| A　　　　　　　　B<br>$x$<br>$L$ | $M$図<br><br>$M_x$：$x$点の曲げモーメント | $Q$図<br><br>$Q_x$：$x$点のせん断力 |
| ①先端集中<br>$P$<br>A　　　　　　　B<br>$L$ | $M_x = -Px$　　　$-PL$ | $Q_x = -P$<br>$-P$ |
| ②中間集中<br>$P$<br>A　　C　　　　B<br>$a$　　　$b$<br>$L$ | $M_x = -P(x-a)$　$-Pb$<br>$(x>a)$<br>$a$　　　$b$ | $Q_x = -P$<br>$(x>a)$<br>$-P$<br>$a$　　　$b$ |
| ③等分布<br>$w$<br>A　　　　　　　B<br>$L$ | $M_x = -\dfrac{wx^2}{2}$　$-\dfrac{wL^2}{2}$ | $Q_x = -wx$<br>$-wL$ |
| ④等変分布<br>$w$<br>A　　　　　　　B<br>$L$ | $M_x = -\dfrac{wx^3}{6L}$　$-\dfrac{wL^2}{6}$ | $Q_x = -\dfrac{wx^2}{2L}$<br>$-\dfrac{wL}{2}$ |
| ⑤先端$M$<br>$M$<br>A　　　　　　　B<br>$L$ | $M_x = M$<br>$M$ | $Q_x = 0$<br>$0$ |
| ⑥中間$M$<br>$M$<br>A　　C　　　　B<br>$a$　　　$b$<br>$L$ | $M_x = M$<br>$(x>a)$<br>$M$<br>$a$　　　$b$ | $Q_x = 0$<br>$0$<br>$a$　　　$b$ |

## 1b　単純梁の応力図

| A ——— B | $M$図 | $Q$図 |
|---|---|---|
| $x$ → $L$ | $M_x$：$x$点の曲げモーメント | $Q_x$：$x$点のせん断力 |

### ① 中央集中

$P$, A — C — B, $L/2$ | $L/2$, $L$

$$M_x = \frac{Px}{2} \qquad (x < \frac{L}{2})$$
$$= -\frac{Px}{2} + \frac{PL}{2} \qquad (x > \frac{L}{2})$$

$\dfrac{PL}{4}$

$L/2$　$L/2$

$$Q_x = \frac{P}{2} \qquad (x < \frac{L}{2})$$
$$= -\frac{P}{2} \qquad (x > \frac{L}{2})$$

$\dfrac{P}{2}$ , $-\dfrac{P}{2}$

$L/2$　$L/2$

### ② 集中荷重

$P$, A — C — B, $a$ | $b$, $L$

$$M_x = \frac{bPx}{L} \qquad (x < a)$$
$$= \frac{aPx}{L} - Pa \qquad (x > a)$$

$\dfrac{abP}{L}$

$a$　$b$

$$Q_x = \frac{bP}{L} \qquad (x < a)$$
$$= -\frac{aP}{L} \qquad (x > a)$$

$\dfrac{bP}{L}$ , $-\dfrac{aP}{L}$

$a$　$b$

### ③ 等分布

$w$, A — C — B, $L/2$ | $L/2$, $L$

$$M_x = \frac{wx(L-x)}{2}$$

$\dfrac{wL^2}{8}$

$L/2$　$L/2$

$$Q_x = \frac{w(L-2x)}{2}$$

$\dfrac{wL}{2}$ , $-\dfrac{wL}{2}$

$L/2$　$L/2$

### ④ 等変分布

$w$, A — B, $L$

$$M_x = \frac{wx(L^2 - x^2)}{6L}$$

$0.064wL^2$

$0.577L$　$0.423L$

$$Q_x = \frac{w(L^2 - 3x^2)}{6L}$$

$\dfrac{wL}{6}$ , $-\dfrac{wL}{3}$

$0.577L$　$0.423L$

| | | | |
|---|---|---|---|
| ⑤端部曲げ | | $M_x = \dfrac{M(L-x)}{L}$ | $Q_x = -\dfrac{M}{L}$ |
| ⑥曲げ荷重 | | $M_x = -\dfrac{Mx}{L} \quad (x < a)$ $= M - \dfrac{Mx}{L} \quad (x > a)$ | $Q_x = -\dfrac{M}{L}$ |

## 付録2　片持梁と単純梁の変形

### 2a　片持梁の変形

| | $M$図　$M_x$：$x$点の曲げモーメント | $Q$図　$Q_x$：$x$点のせん断力 |
|---|---|---|

① 先端集中

$\delta_A = \delta_{max} = \dfrac{PL^3}{3EI}$

$\delta_x = \dfrac{PL^3}{3EI}\left(1 - \dfrac{3x}{2L} + \dfrac{x^3}{2L^3}\right)$

$\theta_A = -\dfrac{PL^2}{2EI}$

$\theta_x = -\dfrac{PL^2}{2EI}\left(1 - \dfrac{x^2}{L^2}\right)$

② 中間集中

$\delta_A = \dfrac{Pb^3}{3EI}\left(1 + \dfrac{3a}{2b}\right)$

$\delta_C = \dfrac{Pb^3}{3EI} \quad (x > a)$

$\delta_x = \dfrac{Pb^3}{3EI}\left\{1 - \dfrac{3(x-a)}{2b} + \dfrac{(x-a)^3}{2b^3}\right\}$

$(x \le a)$

$\theta_x = -\dfrac{Pb^2}{2EI}$

$(x > a)$

$\theta_x = -\dfrac{Pb^2}{2EI}\left\{1 - \dfrac{(x-a)^2}{b^2}\right\}$

③ 等分布

$\delta_A = \delta_{max} = \dfrac{wL^4}{8EI}$

$\delta_x = \dfrac{wL^4}{8EI}\left(1 - \dfrac{4x}{3L} + \dfrac{x^4}{3L^4}\right)$

$\theta_A = -\dfrac{wL^3}{6EI}$

$\theta_x = -\dfrac{wL^3}{6EI}\left(1 - \dfrac{x^3}{L^3}\right)$

④ 等変分布

$\delta_A = \delta_{max} = \dfrac{wL^4}{30EI}$

$\delta_x = \dfrac{wL^4}{30EI}\left(1 - \dfrac{5x}{4L} + \dfrac{x^5}{4L^5}\right)$

$\theta_A = -\dfrac{wL^3}{24EI}$

$\theta_x = -\dfrac{wL^3}{24EI}\left(1 - \dfrac{x^4}{L^4}\right)$

⑤ 先端$M$

$\delta_A = \delta_{max} = -\dfrac{ML^2}{2EI}$

$\delta_x = -\dfrac{ML^2}{2EI}\left(1 - \dfrac{x}{L}\right)^2$

$\theta_A = \dfrac{ML}{EI}$

$\theta_x = \dfrac{ML}{EI}\left(1 - \dfrac{x}{L}\right)$

⑥ 中間$M$

$(x \le a)$

$\delta_x = -\dfrac{M}{EI}\left(ab + \dfrac{b^2}{2} - bx\right)$

$\delta_C = -\dfrac{Mb^2}{2EI}$

$(x > a)$

$\delta_x = -\dfrac{M}{2EI}(L-x)^2$

$(x \le a)$

$\theta_x = \dfrac{Mb}{EI}$

$(x > a)$

$\theta_x = \dfrac{M}{EI}(L-x)$

| 2b　単純梁の変形 | | |
|---|---|---|
| A ────── B<br>△　　　　△<br>$x$　　$L$ | $M$図<br><br>$M_x$：$x$点の曲げモーメント | $Q$図<br><br>$Q_x$：$x$点のせん断力 |
| ①中央集中<br>A ──$P$↓── B<br>△　C　　△<br>$L/2$　$L/2$　$L$ | $\delta_{中央}=\delta_{\max}=\dfrac{PL^3}{48EI}$<br><br>$\delta_x=\dfrac{PL^3}{48EI}\left(\dfrac{3x}{L}-\dfrac{4x^3}{L^3}\right)$ | $\theta_{A,B}=\pm\dfrac{PL^2}{16EI}$<br><br>$\theta_x=\dfrac{PL^2}{16EI}\left(1-\dfrac{4x^2}{L^2}\right)$ |
| ②集中荷重<br>A ─$P$↓── B<br>△　C　　△<br>$a$　　$b$　$L$ | $\delta_C=\dfrac{Pa^2b^2}{3EIL}$<br>$(x>a)$<br>$\delta_x=\dfrac{Pa^2b^2}{6EIL}\left(\dfrac{2x}{a}+\dfrac{x}{b}-\dfrac{x^3}{a^2b}\right)$<br>$a>b$のとき，<br>$x=0.5773\sqrt{L^2-b^2}$<br>$\delta_{\max}=\dfrac{Pb\sqrt{(L^2-b^2)^3}}{9\sqrt{3}EIL}$ | $\theta_C=-\dfrac{Pab}{3EI}\left(\dfrac{a-b}{L}\right)$<br><br>$\theta_A=\dfrac{Pab}{6EI}\left(1+\dfrac{b}{L}\right)$<br><br>$\theta_B=-\dfrac{Pab}{6EI}\left(1+\dfrac{a}{L}\right)$ |
| ③等分布<br>A ──$w$──── B<br>△　C　　△<br>$L/2$　$L/2$　$L$ | $\delta_{中央}=\delta_{\max}=\dfrac{5wL^4}{384EI}$<br><br>$\delta_x=\dfrac{wL^4}{24EI}\left(\dfrac{x}{L}-\dfrac{2x^3}{L^3}+\dfrac{x^4}{L^4}\right)$ | $\theta_{A,B}=\pm\dfrac{wL^3}{24EI}$<br><br>$\theta_x=\dfrac{wL^3}{24EI}\left(1-\dfrac{6x^2}{L^2}+\dfrac{4x^3}{L^3}\right)$ |
| ④等変分布<br>A ──$w$── B<br>△　　　　△<br>$0.577L$　$0.423L$　$L$ | $\delta_x=\dfrac{wL^4}{360EI}$<br>$\cdot\left(\dfrac{7x}{L}-\dfrac{10x^3}{L^3}+\dfrac{3x^5}{L^5}\right)$<br>$x=0.5193L$<br>$\delta_{\max}=0.0065\dfrac{wL^4}{EI}$ | $\delta_x=\dfrac{wL^3}{360EI}$<br>$\cdot\left(7-\dfrac{30x^2}{L^2}+15\dfrac{x^4}{L^4}\right)$<br>$\theta_A=\dfrac{7wL^3}{360EI}$<br>$\theta_B=-\dfrac{8wL^3}{360EI}$ |
| ⑤端部曲げ<br>$M$<br>A　　　　　B<br>△　　　　△<br>$L$ | $\delta_x=\dfrac{Mx(L-x)}{6EI}\left(1+\dfrac{L-x}{L}\right)$<br>$x=\left(1-\dfrac{1}{\sqrt{3}}\right)L=0.4226L$<br>$\delta_{\max}=\dfrac{ML^2}{9\sqrt{3}EI}$ | $\theta_x=-\dfrac{ML}{6EI}\left\{1-3\left(\dfrac{L-x}{L}\right)^2\right\}$<br>$\theta_A=\dfrac{ML}{3EI}$<br>$\theta_B=-\dfrac{ML}{6EI}$ |

⑥曲げ荷重

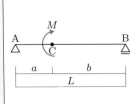

$$\delta_{\mathrm{C}} = -\frac{Mab(a-b)}{3EIL} \quad (x = a \text{ のとき})$$

$(x \leq a)$

$$\delta_x = -\frac{ML^2}{6EI}\left(\frac{x}{L} - \frac{3b^2 x}{L^3} - \frac{x^3}{L^3}\right)$$

$(x > a)$

$$\delta_x = \frac{ML^2}{6EI}$$
$$\cdot \left\{\frac{(L-x)}{L} - \frac{3a^2(L-x)}{L^3} - \frac{(L-x)^3}{L^3}\right\}$$

$(x \leq a)$

$$\theta_x = -\frac{ML}{6EI}\left\{1 - \frac{3b^2}{L^2} - \frac{3x^2}{L^2}\right\}$$

$(x > a)$

$$\theta_x = -\frac{ML}{6EI}$$
$$\cdot \left\{1 - \frac{3a^2}{L^2} - \frac{3(L-x)^2}{L^2}\right\}$$

## 付録 3　固定端モーメント $C$ と単純梁の最大モーメント $M_0$

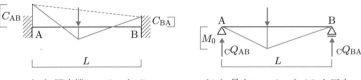

（a）固定端モーメント $C$　　　　　（b）最大モーメント $M_0$ と反力

なお，他端ピン部材では $H_{AB} = C_{AB} - \dfrac{1}{2} C_{BA}$，$H_{BA} = C_{BA} - \dfrac{1}{2} C_{AB}$ を使用する.

| 荷重状態と $M_0$ 図 （部材長さ：$L$） | 固定端モーメント | | 単純梁の反力 | | 最大 $M$ |
|---|---|---|---|---|---|
| | $C_{AB}$ | $C_{BA}$ | $_cQ_{AB}$ | $_cQ_{BA}$ | $M_0$ |
| ① | $-\dfrac{PL}{8}$ | $\dfrac{PL}{8}$ | $\dfrac{P}{2}$ | $\dfrac{P}{2}$ | $\dfrac{PL}{4}$ $(= 2C)$ |
| ② | $-\dfrac{Pab^2}{L^2}$ | $\dfrac{Pa^2b}{L^2}$ | $\dfrac{P_b}{L}$ | $\dfrac{P_a}{L}$ | $\dfrac{Pab}{L}$ |
| ③ | $-\dfrac{2PL}{9}$ | $\dfrac{2PL}{9}$ | $P$ | $P$ | $\dfrac{PL}{3}$ $(= 1.5C)$ |
| ④ | $-\dfrac{Pa(L-a)}{L}$ | $\dfrac{Pa(L-a)}{L}$ | $P$ | $P$ | $Pa$ |
| ⑤ | $-\dfrac{wL^2}{12}$ | $\dfrac{wL^2}{12}$ | $\dfrac{wL}{2}$ | $\dfrac{wL}{2}$ | $\dfrac{wL^2}{8}$ $(= 1.5C)$ |
| ⑥ | $-\dfrac{wL^2}{30}$ | $\dfrac{wL^2}{20}$ | $\dfrac{3wL}{20}$ | $\dfrac{7wL}{20}$ | $\dfrac{wL^2}{9\sqrt{3}}$ |
| ⑦ | $-\dfrac{5wL^2}{96}$ | $\dfrac{5wL^2}{96}$ | $\dfrac{wL}{4}$ | $\dfrac{wL}{4}$ | $\dfrac{wL^2}{12}$ $(= 1.6C)$ |

# 付録4　固定法計算シート（3層4スパン）

DF：分割率　FEM：固定端モーメント　D*i*：分割モーメント　C*i*：到達モーメント

∑：FEM〜D3 の合計値

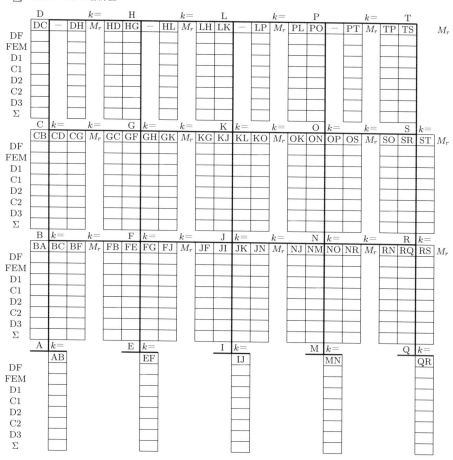

## 付録5　三角関数の性質

力学に用いられる基本的な三角関数の性質を記載しておく.

### 1. 定義

直角三角形 ABC において角度 B が直角のとき, 以下のように三角関数が定義される.

$$\text{正弦}\ \sin\alpha=\frac{b}{c}, \qquad \text{余弦}\ \cos\alpha=\frac{a}{c}, \qquad \text{正接}\ \tan\alpha=\frac{b}{a}=\frac{\sin\alpha}{\cos\alpha}$$

$$\text{余割}\ \operatorname{cosec}\alpha=\frac{c}{b}, \qquad \text{正割}\ \sec\alpha=\frac{c}{a}, \qquad \text{余接}\ \cot\alpha=\frac{a}{b}$$

$$\operatorname{cosec}\alpha=\frac{1}{\sin\alpha}, \qquad \sec\alpha=\frac{1}{\cos\alpha}, \qquad \cot\alpha=\frac{1}{\tan\alpha}=\frac{\cos\alpha}{\sin\alpha}$$

### 2. 平方の公式

$c^2=a^2+b^2$ より,

$$\sin^2\alpha+\cos^2\alpha=1, \quad 1+\tan^2\alpha=\sec^2\alpha$$

### 3. 2倍角の公式

$$\sin 2\alpha=2\sin\alpha\cos\alpha$$

$$\cos 2\alpha=\cos^2\alpha-\sin^2\alpha=2\cos^2\alpha-1=1-2\sin^2\alpha$$

$$\cos^2\alpha=\frac{1}{2}(1+\cos 2\alpha), \qquad \sin^2\alpha=\frac{1}{2}(1-\cos 2\alpha)$$

$$\tan 2\alpha=\frac{2\tan\alpha}{1-\tan^2\alpha}$$

### 4. 代表的な三角関数の値

| 角度 $\alpha$ | $\sin\alpha$ | $\cos\alpha$ | $\tan\alpha$ | $a$ | $b$ | $c$ |
|---|---|---|---|---|---|---|
| 0° | 0.00 | 1.00 | 0.00 | 1.0 | 0.0 | 1.0 |
| 30° | 0.50 | 0.87 | 0.58 | $\sqrt{3}$ | 1.0 | 2.0 |
| 36.9° | 0.60 | 0.80 | 0.75 | 4.0 | 3.0 | 5.0 |
| 45° | 0.71 | 0.71 | 1.00 | 1.0 | 1.0 | $\sqrt{2}$ |
| 60° | 0.87 | 0.50 | 1.73 | 1.0 | $\sqrt{3}$ | 2.0 |
| 90° | 1.00 | 0.00 | $\infty$ | 0.0 | 1.0 | 1.0 |

# 付録6　ギリシア文字一覧表

| 大文字 | 小文字 | 読み方 | 対応するローマ字 |
|:---:|:---:|:---|:---:|
| A | $\alpha$ | アルファ | A |
| B | $\beta$ | ベータ | B |
| Γ | $\gamma$ | ガンマ | G |
| Δ | $\delta$ | デルタ | D |
| E | $\varepsilon$ | エプシロン，イプシロン | E（短音） |
| Z | $\zeta$ | ゼータ | Z |
| H | $\eta$ | エータ，イータ | E（長音） |
| Θ | $\theta$ | テータ，シータ | TH |
| I | $\iota$ | イオタ | I |
| K | $\kappa$ | カッパ | K |
| Λ | $\lambda$ | ラムダ | L |
| M | $\mu$ | ミュー | M |
| N | $\nu$ | ニュー | N |
| Ξ | $\xi$ | クシー，グザイ | X |
| O | $o$ | オミクロン | O（短音） |
| Π | $\pi$ | パイ | P |
| P | $\rho$ | ロー | R |
| Σ | $\sigma$ | シグマ | S |
| T | $\tau$ | タウ | T |
| Υ | $\upsilon$ | ユプシロン | Y |
| Φ | $\phi$ | ファイ | F |
| X | $\chi$ | カイ | CH |
| Ψ | $\psi$ | プシー，プサイ | PS |
| Ω | $\omega$ | オメガ | O（長音） |

# 参考文献

1. 二見秀雄『構造力学改訂版』市ヶ谷出版社（1963）
2. 二見秀雄，藤本盛久，平野道勝『構造力学演習』市ヶ谷出版社（1980）
3. 和泉正哲『建築構造力学 1』，『建築構造力学 2』培風館（1984）
4. 青山博之，上村智彦『マトリックス法による構造解析』培風館（2002）
5. 田治見宏『建築振動学』コロナ社（2001）
6. 柴田明徳『最新耐震構造解析』森北出版（1986）

# 索　引

## 著 者 略 歴

寺本　隆幸（てらもと・たかゆき）

1964 年　東京工業大学理工学部建築学科卒業
1966 年　東京工業大学大学院建築学専攻修士課程修了
1966 年　日建設計入社構造部勤務
1983 年　日建設計構造部長
1988 年　工学博士（東京工業大学）取得
1997 年　東京理科大学工学部第二部建築学科教授
2009 年　東京理科大学工学部名誉教授　現在に至る
専　攻　構造計画，耐震設計，制振構造，免震構造
著　書　『建築構造の設計』（共著）オーム社（1993），『動的外乱に対する
　　　　設計—現状と展望—』（共著）日本建築学会（1999），『免震建築
　　　　の設計とディテール』（共著）彰国社（1999），『建築構造の計画』
　　　　森北出版（2004），『建築構造の力学 I 第 2 版（静定力学編）』森
　　　　北出版（2021），ほか


長江　拓也（ながえ・たくや）

1997 年　明治大学理工学部建築学科卒業
1999 年　東京工業大学大学院総合理工学研究科環境物理工学専攻修士課程
　　　　修了
2002 年　東京工業大学大学院総合理工学研究科環境理工学創造専攻博士課
　　　　程修了，博士（工学）
2002 年　日本学術振興会特別研究員（スタンフォード大学，東京工業大学）
2005 年　京都大学防災研究所 COE 特別研究員
2006 年　防災科学技術研究所研究員
2009 年　防災科学技術研究所主任研究員
2014 年　名古屋大学減災連携研究センター准教授　現在に至る
専　攻　耐震工学，建築構造，地震防災

編集担当　加藤義之（森北出版）
編集責任　富井　晃（森北出版）
組　　版　ウルス
印　　刷　丸井工文社
製　　本　同

建築構造の力学 II（第 2 版）
［不静定力学・振動応答解析編］　　　© 寺本隆幸・長江拓也　2021

2007 年 4 月 18 日　第 1 版第 1 刷発行　　【本書の無断転載を禁ず】
2019 年 3 月 20 日　第 1 版第 7 刷発行
2021 年 3 月 22 日　第 2 版第 1 刷発行
2022 年 8 月 8 日　第 2 版第 2 刷発行

著　　者　寺本隆幸・長江拓也
発 行 者　森北博巳
発 行 所　森北出版株式会社
　　　　　東京都千代田区富士見 1-4-11（〒102-0071）
　　　　　電話 03-3265-8341 ／ FAX 03-3264-8709
　　　　　https://www.morikita.co.jp/
　　　　　日本書籍出版協会・自然科学書協会　会員
　　　　　JCOPY ＜（一社）出版者著作権管理機構　委託出版物＞

落丁・乱丁本はお取替えいたします.

**Printed in Japan／ISBN978-4-627-50552-0**